Suzy Gershman
....
Shopping in
New York
....

Aus dem Amerikanischen
von Ursula Triller

Ullstein

Die Deutsche Bibliothek – CIP-Einheitsaufnahme

Gershman, Suzy:
Shopping in New York: die besten Tips und Adressen / Suzy Gershman. [Hrsg. und übers. von Ursula Triller]. – Dt. Ausg. – Berlin: Ullstein, 1998
Einheitssacht.: Born to shop – New York <dt.>
ISBN 3-550-06991-X

Die englische Ausgabe erschien unter dem Titel
Born to Shop – New York
The Ultimate Guide for Travelers Who Love to Shop
Macmillan, USA
© 1997 by Suzy Gershman

Deutsche Ausgabe
© 1997 by Buchverlage Ullstein GmbH, Berlin
2., aktualisierte Auflage Mai 1998
Alle Rechte vorbehalten
Umschlaggestaltung: Klaus Meyer, München
Kartografie: John Decamillis, Ortelius Design
Gesamtherstellung: Clausen & Bosse, Leck
Printed in Germany 1998
ISBN 3-550-06991-X

Gedruckt auf alterungsbeständigem Papier
mit chlorfrei gebleichtem Zellstoff

INHALT

Das Beste auf einen Blick 9

New Yorker Deals 17
- 18 Smart Shopping
- 20 Schluß- und Sonderverkäufe

Die Shoppingtour 25
- 25 Ankunft
- 26 Straßenplan
- 29 Verkehrsmittel
- 32 Öffnungszeiten
- 33 Shoppinghilfen
- 34 US-Größen
- 36 Vorsicht: Falle

Shop & Sleep 40
- 41 Die luxuriösen Shoppinghotels
- 43 Die Vier-Sterne-Shoppinghotels
- 45 Die Designhotels

Shop & Snack 46
- 47 Themenrestaurants
- 47 Kaufhaussnacks
- 49 Snacks
- 51 Tea-Time
- 51 Soho-Specials

Die Stadtteile 53
- 55 57th Street: Edeldesigner & Discountshops
- 58 Fifth Avenue: Die Modemeile in Manhattan
- 59 West 34th Street: Kaufhäuser & Kindersachen

60 Lower Fifth Avenue: Szeneshopping
62 Lower Broadway:
    Interieur & Interessante Läden
64 East Village: Die jungen Wilden
65 SoHo: Kunst & Wohnkultur
69 Ladies Mile: Das Discountparadies
70 West Village: Gepflegte Gay-Gemeinde
71 Madison Avenue / Uptown: Edles aus Europa
73 Middle Madison Avenue:
    Damendiscountshops & Männermoden
75 Carnegie Hill: Kleidsames für Kinder
76 Upper West Side: Singles & Schickis
78 South Street Seaport: Mini-Mall am Wasser
79 Wall Street: Busineß-Outfit für Banker
79 Lower East Side: Shopping nach dem Sabbat
81 The Garment Center: Stoffe & Schneider

New Yorker Klassiker von A bis Z 83
83 Amerikanische Designer
84 Bücher
86 CDs
86 Friseure
87 Herrenmode
91 Hochzeitskleider
92 Internationale Designer
96 Jeans
97 Kaschmir
98 Kaufhäuser
104 Kinderkleidung
107 Kosmetik
111 Märkte
112 Modeschmuck
114 Museumsshopping
117 Pelze
120 Schmuck
123 Schuhe
126 Secondhand
129 Shoppingzentren
131 Sondergrößen
133 Spielzeug

135 Sport
136 Stoffe & Co.
138 Swatches
139 Szeneshopping
141 Taschen
142 Teens
144 US-Ketten

New Yorker Discountshops 147
149 Die großen Discountshops
155 Männer-Discountshops
157 Fabrikverkauf

New Yorker Spar-Deals 162
162 Lagerverkauf
164 Messen
165 Flohmärkte
168 Wohltätigkeitsverkäufe
170 Auktionen
171 Straßenhändler

Möbel & Design 175
176 Design & Dekoratives
180 Design für alle
183 Küchenkultur
185 SoHo-Schick
186 Galerien

Antiquitäten & Auktionen 189
189 Antiquitäten
191 Auktionen

Manhattan-Touren 197
197 Tour 1: Manhattan total
201 Tour 2: SoHo-Vibrations
203 Tour 3: SoHo simpel
204 Tour 4: Die Adventstour
207 Tour 5: Szene-Shopping

Register 209

KARTEN

Die U-Bahn in New York 30
Manhattan 54
SoHo 66
Tour 1: Manhattan total 198
Tour 4: Die Adventstour 205

SYMBOLE

SUZYS FAVORITEN
Geschäfte, Restaurants und Hotels, die Sie kennenlernen sollten.

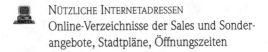

NÜTZLICHE INTERNETADRESSEN
Online-Verzeichnisse der Sales und Sonderangebote, Stadtpläne, Öffnungszeiten

HILFREICHE TELEFONNUMMERN

DAS BESTE AUF EINEN BLICK

Falls Sie zu den New-York-Besuchern gehören, die nur sehr wenig Zeit haben und deshalb jede Minute optimal ausnutzen wollen, um trotzdem die New Yorker Shopping-Highlights kennenzulernen, finden Sie in diesem Kapitel die dazu nötigen Tips. Natürlich gehe ich davon aus, daß Sie jede Zeile dieses Buches lesen werden und alles für Sie Interessante mit dem Leuchtstift markieren oder am besten gleich in Ihrem Kalender notieren. In diesem Kapitel finden Sie meine Favoriten für alle Gelegenheiten. Zu jeder Adresse finden Sie im Buch ausführliche Informationen. Damit Sie – und Ihr Taxifahrer – die gewünschten Geschäfte schnell auf dem Stadtplan lokalisieren können, habe ich auch die Querstraßen angeführt. Zur Hauptverkehrszeit – der Rush-hour – sollten Sie allerdings die U-Bahn nutzen, vor allem bei längeren Strecken. Und meiden Sie Busse, es sei denn, Sie erwischen einen Expreßbus.

Sie haben eine Stunde im Finanzdistrikt (Downtown)

Gehen Sie direkt zu **Century 21** (22 Cortlandt Street). Dieser kaufhausähnliche Discountshop führt viele Designer, und bei systematischer Suche stehen Ihre Chancen nicht schlecht, sich binnen 60 Minuten von Kopf bis Fuß neu einkleiden zu können. Herrenmode bekommen Sie im Erdgeschoß, Damenmode in der ersten Etage.

Sie haben eine Stunde
an der Fifth Avenue (Midtown)

Sie brauchen dringend ein Geschenk, und das schnell? Dann machen Sie es wie ich: Verbringen Sie Ihre Stunde im Kaufhaus **Saks Fifth Avenue** (611 Fifth Avenue an der 49th Street).

Sie haben einen Abend Zeit

Am besten, Sie beginnen Ihren Abendeinkauf bei **Henri Bendel** (712 Fifth Avenue an der 56th Street), gehen dann zu **The Limited Express** (10 W. 57th Street) und weiter zu **Daffy's** an der 57th (Ecke Lexington). Auf der Lexington laufen Sie links ein paar hundert Meter bis zu **Bloomingdale's** (Ecke Lexington/59th Street). Rund um Bloomie's liegen einige interessante Läden: **Levi's** (750 Lexington Avenue an der 60th Street), **The Gap** (Lexington Avenue an der 59th Street) und **Banana Republic** (120 E. 59th Street). Donnerstags haben Sie genügend Zeit, sich hier umzusehen, weil die meisten Geschäfte bis 21 Uhr geöffnet haben. Im Idealfall beenden Sie ihren Abend mit einem Dinner in der **California Pizza Kitchen**. Das Restaurant liegt direkt neben dem Hintereingang zu Bloomie's (201 E. 60th Street).

Sie wollen sonntags einkaufen

Fahren Sie zur Lower East Side. Für die jüdischen Händler ist Sonntag ein regulärer Arbeitstag: Ab 10 Uhr haben alle Läden auf. Am besten, Sie nehmen die F-Bahn bis zur Delancey Street, die die Orchard Street zentral kreuzt. Die Modegeschäfte ziehen sich von hier aus an beiden Seiten der Orchard Street entlang. Ab 12 Uhr können Sie dann im Zentrum auch in den großen Kaufhäusern einkaufen.

Sie möchten eine hippe Gegend kennenlernen

Sehen Sie sich SoHo an! Dazu halten Sie sich am besten an die Spring Street (siehe Seite **201**). Und stoppen Sie unbedingt zum Lunch oder Tee bei **Dean & Deluca** (Prince Street).

Sie wollen das ausgeflippte New York kennenlernen

Fahren Sie zur East 9th Street. Dort geht es nicht mehr ganz so gepflegt zu wie auf der Fifth Avenue: keine Chanel-Kostüme, dafür aber Straßenhändler, Bettler und Kids mit grüngefärbten Haaren. Gerade das macht den Charme dieses Viertels aus. Zwischen First Avenue und Avenue A reihen sich auf ein paar hundert Metern viele funkige Läden aneinander, inklusive einer Filiale meiner geliebten **Eileen Fisher** (314 E. 9th Street).

Sie wollen auf Märkten herumstöbern

In Manhattan können Sie wunderbar auf Flohmärkten und Wochenmärkten herumstöbern. Der ideale Tag dafür ist Samstag; am besten beginnen Sie mit dem Flohmarkt auf der Sixth Avenue (Ecke 26th Street) und arbeiten sich dann durch die unzähligen Antiquitäten- und Ramschläden, bevor Sie Richtung **Green Market** auf dem Union Square weiterfahren.

Ihre Kids wollen auf einem Markt herumstöbern

Der **Tower Records Flea Market** (Broadway, zwischen 4th und Great Jones Street), der auf einem Parkplatz in der Nähe des Plattenladens stattfindet, gilt unter Teens als hip. Verkauft wird neues Zeug: T-Shirts, Ethnosachen, enge Bluejeans, Base-

Das Beste auf einen Blick

ballkappen, Uhren und Schmuck. Samstags und sonntags von 10 bis 19 Uhr.

Sie suchen eine Gegend mit billigen Shops

Ladies Mile (Sixth Avenue an der 18th Street), ein Modeparadies nicht nur für Damen, mit Discount- und Billigläden.
Loehmanns liegt nicht weit entfernt (106 Seventh Avenue).
Und Sie finden dort **Old Navy**. Diese erfolgreiche Zweitlinie von **The Gap** ist rund 30 Prozent billiger als das Original. Und es handelt sich um nagelneue Gap-Basics: T-Shirts, Pullover, Freizeitsachen.
Außerdem sollten Sie sich den Namen **Burlington Coat Factory** merken: ein Geschäft an der Sixth Avenue (116 W. 23rd Street), das eine immense Auswahl an Kleidern mit Rabatt für Sie und Ihre Kinder führt.

Sie suchen dekoratives Interieur

Lower Broadway (LoBro) und Ladies Mile: Am besten, Sie fangen bei **ABC Carpet & Home** und **Fishs Eddy** (beide Broadway, Ecke 19th Street) an. Danach können Sie sich in den Straßen östlich des Broadway umsehen, wo rund um die 20th Street verschiedene Stoff- und Möbelläden liegen. Oder Sie laufen gleich zur Ladies Mile und zu **Bed, Bath & Beyond** (620 Sixth Avenue, zwischen 18th und 19th Street). Danach gehen Sie auf der Seventh Avenue weiter, zu **Williams-Sonoma** (110 Seventh Avenue), **Hold Everything** (Nr. 104) und **Pottery Barn** (Nr. 100).
Kämpfernaturen und Schnäppchenjäger zieht es wahrscheinlich noch weiter Richtung Nordwesten zum **Williams-Sonoma Outlet Center** (231 Tenth Avenue, zwischen 23rd und 24th Street), in dem die Ladenhüter und Zweite-Wahl-Stücke von

Sonoma, Pottery Barn, Hold Everything, Gardener's Eden** und **Chambers** gehandelt werden.

Sie suchen die besten Kosmetik-Deals

Revlon Employee Store (767 Fifth Avenue an der 58th Street). Obwohl der Laden offiziell nur für Angestellte geöffnet hat, kann jeder hier einkaufen. Und ich hoffe, daß sich das nicht ändert: Die Kosmetik von **Revlon** und den Tochterfirmen kostet sage und schreibe 50 Prozent weniger als in einem regulären Geschäft.
Clairol (345 Park Avenue an der 53rd Street). Testet permanent Tönungen und Färbemittel für Haare. Falls Sie nach einem neuen Look suchen oder kostenlos eine Katastrophe rückgängig machen wollen, lassen Sie sich einen Termin geben (☎ 5 46 50 00).

Die beste Adresse im Schlußverkauf

Barney's Warehouse Sale (255 W. 17th Street). Im Januar und Juli/August ist Schlußverkauf bei Barney's. Dann stürzt sich ganz New York auf die günstigen Designerklamotten. Die Termine werden in Anzeigen in der *New York Times* angekündigt.

Die besten Secondhandläden

Encore (1132 Madison Avenue an der 84th Street).
Michael's (1041 Madison Avenue an der 77th Street, Obergeschoß). Hier sollten Sie auch vorbeischauen, wenn Sie ein Hochzeitskleid suchen.

Das Beste auf einen Blick

Die besten Discountshops für Männermode

Harry Rothman (200 Park Avenue South an der 17th Street). Viele Designermarken und -anzüge mit Rabatt, in der Nähe des Union Square.
Dollar Bill's (32 E. 42nd Street). Große Designer zu kleinen Preisen. Keine 99-Dollar-Kombinationen, aber den 1200-Dollar-Anzug für 400 Dollar.

Die beste Adresse für Handtaschen

J. S. Suarez (450 Park Avenue an der 56th) läßt Handtaschen im Stil der großen Designer fertigen (**Gucci, Prada**), und das in den gleichen Fabriken. Außerdem verkauft Suarez italienische Linien wie **Desmo** ab Fabrik und damit günstiger. Nicht billig, wohlgemerkt. Billig ist hier gar nichts. Mein Gucci-Rucksack hat bei Suarez 500 Dollar gekostet. Die Gucci-Boutique hätte allerdings das Doppelte verlangt.

Die beste Adresse für Computer und Elektronik

47th Street Photo (121 W. 45th Street, zwischen Fifth und Sixth Avenue). Achtung, dieses Geschäft schließt Freitag nachmittag und bleibt am Samstag zu.
J&R Computer World (15 Park Row). Beide sind auch hervorragend als Kontaktbörse für New-York-Besucher geeignet.

Die beste Adresse für Ray-Ban-Sonnenbrillen

Falsche Ray-Bans finden Sie auf der Canal Street für zehn Dollar. Echte kosten bestenfalls 39 Dollar bei **Dollar Bill's** (Central Station, 99 E. 42nd) oder 49 Dollar bei **TJ Maxx** (620 Avenue of the Americas an der 18th Street).

Schnell eine Levi's

Lexington Avenue, Höhe 60th Street: Neue Jeans bekommen Sie im **Original Levi's Store**, gebrauchte bei **SoHo Jeans** direkt gegenüber.

Schnell etwas für die Kinder

Die Kette **Toys"Я"Us** hat Spielzeugläden in ganz Manhattan. Typischer für New York ist ein Besuch bei **FAO Schwarz** (767 Fifth Avenue an der 58th Street), Manhattans berühmtestem Spielzeugwarenhändler. Hier können Sie Geschenke bereits fix und fertig verpackt mitnehmen. Einiges davon ist sogar erschwinglich. Außerdem sollten Sie sich auch im **Warner Brothers Studio Store** (1 E. 57th Street an der Fifth Avenue) und dem **Disney Store** (711 Fifth Avenue an der 55th Street) umsehen. Der Geschenkeshop des **Metropolitan Museum of Art** liegt zentral im **Rockefeller Center** (15 W. 49th Street) und hat eine wundervolle Kinderabteilung.

Geschenke für Freunde

- Dekoratives von **Tiffany's** (77 Fifth Avenue an der 57th Street). Ideal, um für Freunde aus Amerika oder Asien ein prestigeträchtiges Mitbringsel zu erstehen, zum Beispiel Accessoires aus Leder und Sterling-Silber zu akzeptablen Preisen.
- Technikschnickschnack von **Hammacher Schlemmer** (147 E. 57th Street) oder **The Sharper Image** (4 W. 57th Street). Ausstellungsstücke können Sie bei **Sharper Image** auf den Dienstagsauktionen billiger bekommen.
- Das Kaufhaus **Barney's** hat schon vor Jahren ein eigenes Unisex-Parfüm kreiert: *Salon de Té*. Ein perfektes Geschenk aus New York für sie oder ihn (55 Dollar).

Das Beste auf einen Blick

Geschenke unter 10 Dollar

- Notizbücher, Kalender und Briefpapier aus dem Geschenkeshop des **Metropolitan Museum of Art** (diverse Filialen, siehe Seite **115**) eignen sich hervorragend als stilvolle New-York-Mitbringsel.
- **Aveda** (520 Madison Avenue an der 54th Street) führt hochwertige Aromatherapieprodukte. Ich mag die Raumsprays.
- Canal-Street-Imitate. Nachgemachte Mont-Blanc-Füller oder kopierte Ray-Ban-Brillen gibt es an der Canal Street. Die Händler dort haben die größte Auswahl und die besten Preise.

Der beste Schnellimbiß

Burger Heaven (7 E. 53rd Street). Probieren Sie den Roquefort-Burger für 5,90 Dollar.

Die beste Internet-Adresse

http://www.samplesale.com
Online-Verzeichnis der Sales und Sonderangebote von Kaufhäusern und Boutiquen, nach Artikeln geordnet. Außerdem finden Sie hier alle Fabrikverkaufszentren, die Designerstücke zu Discountpreisen abgeben.

NEW YORKER DEALS

New York: Diese Stadt ist so schnellebig wie Hongkong oder Tokio und dabei so modisch und niveauvoll wie London oder Paris. New York läßt sich mit keiner anderen Stadt in den Staaten vergleichen. New York ist die wahre Hauptstadt. Und das Shoppingziel Nummer eins.

Diese Stadt lebt, atmet, ändert sich täglich. Ich bin mit 21 Jahren zum ersten Mal hierhergekommen, und ich bin auch heute noch jedesmal fasziniert, wenn ich zurückkehre.

New York ist schöner, sauberer und sicherer geworden. Die Fifth Avenue hat sich zu einem großen Einkaufszentrum entwickelt. Rundum etablieren sich immer mehr Designerdiscountshops. **Daffy's** befindet sich auf der 57th Street, nicht weit von **Chanel**. **Filene's Basement** besitzt ein Geschäft am Broadway an der 79th Street.

Shopping total auch auf der Sixth Avenue: In die Lobbies der vielen Wolkenkratzer auf der Sixth (Avenue of the Americas) ziehen immer mehr Läden ein. Ideal, um zwischen zwei Terminen **Gap**-Jeans, CDs oder eine Videokamera zu kaufen. Richtung Downtown wird es wieder billiger: Die Ladies Mile (Sixth Avenue an der 18th Street) ist zu einem wahren Discountparadies geworden. **Loehmann's** liegt um die Ecke.

Auch die Einstellung zum Einkaufen hat sich geändert. Smart Shopping ist in, der Einkauf auf Flohmärkten und in Discountläden schick. **Chanel** – bitte gerne, aber nur, wenn der Preis dreimal runtergesetzt wurde. Wo wann wer was billiger verkauft, ist Partygespräch. Nach der Lektüre dieses Buches können Sie mitreden.

SMART SHOPPING

Ich weiß nicht, warum New York »Big Apple« genannt wird – ich denke, es müßte eher »Big Discount« heißen. Vor allem für Besucher aus Europa. Schon die regulären Ladenpreise lassen Ihnen sicher die Augen übergehen. Und Sie waren noch nicht im Factory-Outlet-Center **Woodbury Common**. Sie kennen den Designer-Discountshop **Filene's Basement** noch nicht, oder **Loehmann's** oder **TJ Maxx**. Sie haben noch nicht von **Century 21** gehört. Bleiben Sie dran.

New Yorker sind stolz darauf, die hohen Lebenshaltungskosten durch cleveres Einkaufen zu senken. Gut aussehen und wenig zahlen heißt die Devise. »Cross shopping« gehört dazu: Die Leute kombinieren ihre wertvollen Kleidungsstücke mit Cheapies aus Versandhäusern, Billigläden, von Straßenhändlern – was auch immer. Sie kaufen gepflegt-gebrauchte Designerware in Secondhandshops. Oder sie machen eine Landpartie zum Farbikverkauf. Warum nicht auch Sie? An einem Tag in **Woodbury Common**, einer kleinen Stadt mit unzähligen Fabrikverkaufsläden, können Sie bis zum Umfallen einkaufen. Manchmal sogar noch billiger als beim Discountshop.

Wenn Sie dienstlich in New York sind, sollten Sie Ihre Geschäftspartner nach Rabattlisten fragen. Viele alteingesessene Geschäfte räumen US-Firmen Prozente ein. **Tiffany & Co.** etwa reduziert die Preise um bis zu 10 Prozent.

Informationen

Seitdem das Amerikanische Fremdenverkehrsbüro in Frankfurt dichtgemacht hat, können Sie Informationen nur direkt aus New York beziehen. Das

New York Convention & Visitors Bureau
*2 Columbus Circle
New York, NY 10019*

verschickt kostenlos den *Big Apple Visitors Guide*, eine kleine Broschüre mit aktuellen Daten zur Stadt. Oder Sie schauen persönlich vorbei: Das Büro hat Montag bis Freitag von 9 bis 18 Uhr geöffnet, Samstag und Sonntag von 10 bis 15 Uhr.

Weitere Basisinformationen bekommen Sie aus *Where*, einer Zeitschrift, die kostenlos in den Hotels ausliegt und als Quelle nicht zu unterschätzen ist. Das Blatt listet neben den üblichen Touristeninformationen auch Modenschauen, Antiquitätenverkäufe und Auktionen auf und wird monatlich publiziert. Mitunter enthält *Where* sogar Rabattmarken für Geschäfte oder Restaurants. Falls Ihr Hotel die Zeitschrift nicht führt: Sie bekommen das Blatt auch bei **Saks** am Kundenservice-Counter.

Falls Sie einen echten Schnäppchenführer suchen, sollten Sie es mit dem *S&B-Report* (Seite **163**) probieren. Außerdem hat das *New York Magazine* eine wöchentliche Kolumne für Smart Shopper.

Time-Out befaßt sich mit dem Szeneleben (jeden Mittwoch neu für 1,95 Dollar).

Für Restaurants ist *Zagats Dining Guide* eine gute Hilfe. Dieser »Ausgehführer« (11,95 Dollar) sortiert New Yorker Restaurants, Bars und Cafés nach Stadtteilen und Themen: von »Leute gucken« bis »romantisch«. Rauchern hilft der *Smokers Guide to Dining out in NYC* weiter (13 Dollar).

Internetsurfer können sich natürlich auch online über alle Winkel der Stadt informieren: ob Schnäppchenshop, Restaurantkritik oder Szeneclubs. Die wichtigsten Adressen:

🖳 http://www.ny.yahoo.com

Gute Suchmaschine für New-York-Besucher. Hier bekommen Sie wirklich alle erdenklichen Informationen über Big Apple, ob Stadtpläne, Öffnungszeiten, Discountshops, Limousinenservice, sogar den täglichen Wetterbericht.

🖥 http://www.urbanaccess.com
Höchst komfortabler Shop-Finder mit Kurzbeschreibungen, sortiert nach Produkten und Stadtvierteln.

🖥 http://cgi.pathfinder.com/cgi.-bin/zagat/homepages
Mit dieser Adresse landen Sie auf der Homepage des Restaurantführers Zagats und können dort für viele Restaurants Kurzkritiken abrufen.

🖥 http://www.samplesale.com
Online-Verzeichnis der Ausverkäufe und Sonderangebote von Kaufhäusern und Boutiquen, nach Artikeln geordnet. Außerdem finden Sie hier auch eine Liste der Factory Outlets, Fabrikverkaufszentren, die Designerstücke zu Discountpreisen abgeben.

🖥 http://www.allny.com/antique.html
Alle Antiquitätenhändler New Yorks, sortiert nach Straßen, mit kompletten Adressen, Verzeichnis der Ausstellungsräume und Schwerpunkten.

🖥 http://www.artincontext.com
Zentrale Adresse für alle, die sich über die wichtigen New Yorker Galerien und deren Werke, Öffnungszeiten und Ausstellungen informieren wollen.

🖥 http://www.metrobeat.com
Die Webseite für New Yorker Szenegänger. Täglich aktualisierte Datenbank mit Terminen, Adressen, Stadtplan.

SCHLUSS- UND SONDERVERKÄUFE

Wie in Deutschland gibt es auch in New York zwei große Saisonschlußverkäufe: Frühjahrs- und Sommerware wird zu Niedrigpreisen ab Mitte Juli bis in den August verkauft, der Herbst/Winter-Schlußverkauf startet gleich nach Weihnachten oder im Januar. Dann ist das Shoppen in Manhattan wirklich sensationell.

Einige Geschäfte halten regelmäßige Ausverkäufe ab – alle zwei oder drei Monate werden dort die Regale geleert, und die Ware wird reduziert, mit oder ohne große Ankündigung. Es gibt auch private Ausverkäufe für Stammkunden und Besitzer von Kundenkreditkarten. Läden, die Cash brauchen, halten One-day-Sales ab, etwa zwischen 8 und 23 Uhr, um möglichst viele Kunden anzulocken.

Jeder Sonderverkauf wird in den Lokalblättern beworben, einige besondere Veranstaltungen auch in der Presse angekündigt, zum Beispiel in der Spalte »Sales and Bargains« des *New York Magazine*. Auch die Fabrikverkaufsläden haben Ausverkäufe. Selbst große Kaufhäuser schalten Anzeigen mit Rabattcoupons – die garantieren 20 Prozent Preisnachlaß bei jedem Kauf.

Wenn Sie mehrmals im Jahr in New York sind, sollten Sie sich auf die Kundenliste der Geschäfte setzen lassen oder eine Kundenkarte beantragen – dafür werden Sie hin und wieder zu privaten Ausverkäufen eingeladen. Ich habe selbst nur zwei Kreditkarten in meinem Portemonnaie – *American Express* und *Visa* –, aber ich weiß, daß ich damit eine Menge günstiger Gelegenheiten verpasse. Selbst Discountshops und die Geschäfte mit preisreduzierter Ware verschicken Einladungen an Stammkunden zu »Discount Days«, **Loehmann's** und **Filene's Basement** machen das sogar regelmäßig.

Ich will hier nicht nur über Discountshops reden. Selbst **Chanel** inseriert seinen Schlußverkauf. Ein echtes Ereignis: ein handgemaltes Poster auf dem Boden mit großen Pfeilen, die den Weg in den Salon eine Etage höher weisen; Seide in durchsichtigen Plastikbeuteln, auf dem Boden gestapelt. »Kommen Sie hier hinein, gehen Sie dort hinaus; stellen Sie sich hierhin, Madame; ja, die Seidenschals sind ausverkauft; nein, wir verpacken Aus-

Schluß- und Sonderverkäufe

verkaufware nicht in Schachteln oder Geschenkpapier.«

Alles, was man über den Ausverkauf wissen muß, ist im Geschäft ausgehängt. Ja, auch bei **Hermès** tun sie das. Einige Geschäfte nehmen während des Ausverkaufs erworbene Waren nicht mehr zurück. Wenn das Rückgaberecht ausgeschlossen wird, muß Sie das Personal ausdrücklich darauf hinweisen, und auf dem Kassenzettel muß das auch ausgewiesen sein.

Saison Sales

Der Schlußverkauf nach Weihnachten beginnt nach Weihnachten, klar – entweder gleich am Tag danach oder am Tag nach Neujahr. Designer aus Europa starten ihren Ausverkauf viel, viel später im Januar, meistens in der dritten oder vierten Woche, um genau zu sein.

Wer nach New York fliegt, kann außerdem noch von einer ganzen Reihe anderer Saisonverkäufe profitieren:

- **Thanksgiving**, das traditionell am dritten Donnerstag im November gefeiert wird. Ab Thanksgiving läuft die Weihnachtssaison, der Freitag danach ist für den Einzelhandel meist der umsatzstärkste Tag des Jahres.
- **Pre-Christmas-Sales:** eine Erfindung der letzten Jahre, die Shopper davon abhalten soll, Teures erst nach Weihnachten zu kaufen.
- **January White Sales:** Falls Sie billige Laken brauchen, ist das die richtige Zeit (auch für bunte Bettwäsche).
- **January Clearance Sale:** Die meisten europäischen Boutiquen warten mit ihrem Schlußverkauf bis um den 20. Januar. Der Startschuß wird dann per Anzeige in der *New York Times* bekanntgegeben.
- **Valentine's Day Sale:** Der 14. Februar ist Va-

lentinstag. Er wird in den USA exzessiv mit Blumen, Karten und Süßigkeiten gefeiert. Auch Parfüm und Schmuck sind dann reduziert.
- **President's Day Sale:** Sonderangebote zu den Feiertagen Ende Februar, ideal, um Winterkleidung und Skisachen zu kaufen.
- **Memorial Day Sale:** Am letzten Wochenende im Mai laufen die Kampagnen für Sommerware an.
- **Fourth of July Sales:** Badeanzüge und Sommersachen.
- **Midsummer Clearance Sales:** Sommerschlußverkauf, Ende Juni bis in den August.
- **Back-to-School-Sales:** in den letzten Augustwochen. Werbewochen für Schulsachen, Möbel und Mode.
- **Columbus Day Sales:** Anfang Oktober, Jacken und Herbstmode.
- **Election Day Sales:** Natürlich sind nicht jeden November Wahlen. Aber Sie bekommen jedes Jahr günstige Jacken und Herbstkleidung.

Barney's Sale

Absolutes Highlight: Der Schlußverkauf von **Barney's Warehouse** im August und im Februar im Warehouse in Chelsea. Polizei und Wachleute sind auch anwesend. Das Personal verteilt eigens gedruckte Programme mit Instruktionen, Plänen und anderen Details – und Kaffee (falls die Schlange allzu lang oder es draußen kalt ist). Die Adresse lautet 255 W. 17th Street – einen Block nach dem früheren Chelsea-Store.

Der Preis für die Sachen variiert danach, wie gut der Verkauf läuft. Sie müssen auf die handschriftlichen Preisschilder achten, die für jeweils eine Warengruppe gelten. »Deduct 30% from the last ticketed price« (30% Nachlaß auf den angegebenen Preis) ist kein schlechter Deal. Ohne diesen Nachlaß sind die Preise hoch.

Jeder wichtige Herren- und Damendesigner landet hier. Sie bekommen auch Wohnaccessoires, Geschenkartikel und ein paar wenige handgefertigte Schmuckstücke. Das letzte Mal, als ich da war, verfiel ich in einen unglaublichen Kaufrausch.
Der Sale läuft unter der Woche von 8 bis 21 Uhr, am Wochenende von 10 bis 19 Uhr. Fliegen Sie nach New York, um das mitzuerleben.

Online-Tip

🖳 http://www.samplesale.com
Online-Verzeichnis der Sales und Sonderangebote von Kaufhäusern und Boutiquen, nach Artikeln geordnet.

DIE SHOPPINGTOUR

ANKUNFT

Sie waren lange nicht in New York? Dann werden Sie sich wundern. Nicht nur, was die vielen herrlichen Shops betrifft: Die Stadt ist auch sicherer geworden. In den Statistiken der gefährlichen US-Städte ist New York weit nach hinten gerutscht. Dies ist auch ein Verdienst von Bürgermeister Rudolph Giuliani, der mit unzähligen Strafzetteln in ganz Manhattan für Ordnung sorgt.

Die neue Linie ist auch an den Flughäfen spürbar: Das frühere Chaos am Taxiwartestand des John F. Kennedy Airports (JFK) und der Nepp bei den Gebühren sind passé: Die Fahrt ins Zentrum Manhattans kostet pauschal 30 Dollar, plus 3,50 Dollar Brückenzoll. Die Fahrt von La Guardia kostet etwa genausoviel, allerdings gibt es hier keine Pauschale.

Angenehmer und nicht wesentlich teurer: Sie lassen sich von einem der Fahrdienste abholen. Etwa **Tel Aviv**, ☎ 7777777.

Bus

Shuttlebusse sind für Alleinreisende die günstigste Art, in die Stadt zu gelangen. Von JFK aus fahren die Careybusse für 13 Dollar mitten ins Zentrum, die Fahrt von La Guardia aus kostet 10 Dollar. Die Busse verkehren alle 30 Minuten und halten neben der Grand Central Station und dem Busterminal Port Authority auch an mehreren großen Hotels in Midtown. Ab Newark verkehrt der **Olympia Trail Bus Service** im 30-Minuten-Rhythmus ins Zentrum. Die Busse halten zusätzlich am **World Trade Center**.

STRASSENPLAN

Die meisten Straßen Manhattans sind schachbrettartig angeordnet, was die Orientierung enorm erleichtert. Uptown liegt im Norden und Downtown im Süden, die East Side östlich von der Fifth Avenue und die West Side westlich der Fifth.

Das wichtigste Einkaufsgebiet liegt zwischen der 59th Street und 34th Street und wird Midtown genannt.

Falls Sie wissen wollen, wo ein Laden liegt, fragen Sie am besten nach der Straße und dem Namen der nächsten Querstraße, um die Adresse dann im Straßennetz zu lokalisieren. Das funktioniert sogar bei den Hausnummern: Auf den Straßen (nicht auf den Avenues) liegen die geraden Nummern immer auf der Südseite und die ungeraden auf der Nordseite.

Sie können die Querstraßen auch im Do-it-yourself-Verfahren bestimmen. Das sieht viel komplizierter und verwirrender aus, als es ist. Beispiel: Sie wollen sich bei **Newel Galleries**, einem phantastischen Antiquitätencenter mit sechs Etagen, umsehen. Die Adresse ist 425 E. 53rd Street – laut Tabelle also zwischen First und York Avenue.

Querstraßen

• 11.–10. Avenue	599–500 West
• 10.–9. Avenue	499–400 West
• 9.–8. Avenue	399–300 West
• 8.–7. Avenue	299–200 West
• 7.–6. Avenue of the Americas	199–100 West
• 6.–5. Avenue	99–1 West

• 5.–Madison und Park Avenue	1–99 East
• Park Avenue–Lexington Avenue	100–140 East
• Lexington Avenue–3. Avenue	140–199 East
• 3.–2. Avenue	200–299 East
• 2.–1. Avenue	300–399 East
• 1. Avenue–York Avenue	400–499 East

Oberhalb der 59th Street wird die Eleventh Avenue zur West End Avenue, die Tenth Avenue zur Amsterdam Avenue, die Ninth Avenue zur Columbus Avenue und die Eight Avenue zur Central Park West. Die Nummern der Querstraßen bis zum Ende des Centralparks an der 110th Street fangen an der Ecke der Avenue Central Park West mit 1 West an und steigen dann immer weiter an, je weiter Sie sich gen Westen bewegen (die Adressen ab 100 West liegen oberhalb der Columbus Avenue, die ab 200 West jenseits der Amsterdam Avenue usw.).

Avenues

Erster Schritt: Streichen Sie von der Hausnummer die letzte Ziffer ab. Wenn Sie beispielsweise zum Trump Tower – 725 Fifth Avenue – wollen, dann arbeiten Sie mit 72 weiter.

Zweiter Schritt: Teilen Sie diese Nummer durch zwei. Macht 36.

Dritter Schritt: Addieren oder subtrahieren Sie gemäß der Tabelle. Lediglich Central Park West und Riverside Drive passen nicht in dieses Schema. Der Trump Tower liegt nach dieser Kalkulation an der 56th Street – und genau dort finden Sie ihn auch.

• 1. Avenue	+3
• 2. Avenue	+3

• 3. Avenue	+10
• 4. Avenue	+8
• 5. Avenue	
– bis 200	+13
– bis 400	+16
– bis 600	+18
– bis 775	+20
– bis 1286	nicht durch 2 teilen, −18
• 6. Avenue	−12
• 7. Avenue (bis 936)	+12
• 8. Avenue	+10
• 9. Avenue	+13
• 10. Avenue	+14
• 11. Avenue	+15
• Amsterdam Avenue	+60
• Broadway (über 1000)	−30
• Columbus Avenue	+60
• Lexington Avenue	+22
• Madison Avenue	+26
• Park Avenue	+35

Für Broadway-Adressen unter 1000 habe ich noch eine spezielle Liste:

• 1	Battery Place
• 100	Wall Street
• 200	Fulton Street
• 300	Chambers Street
• 400	Canal Street

• 500	Broome Street
• 750	East 8th Street
• 1000	23rd Street

VERKEHRSMITTEL

In den öffentlichen Verkehrsmitteln geht es sicher nicht so zivilisiert zu wie in Tokio oder Paris, aber die U-Bahn und die Busse bringen Sie (fast) überallhin. Der **Moma Design Store** (44 W. 53rd Street) verkauft einen stabilen, handlichen Fahrplan, auf dem alle wichtigen Verbindungen eingezeichnet sind.

U-Bahn

An den Verkaufsstellen für die U-Bahn-Münzen (Tokens) bekommen Sie gratis einen U-Bahn-Plan. Die Münzen kosten pro Stück 1,50 Dollar und sind jeweils für Fahrten in einer Richtung gültig.

Auf den Hauptverkehrsstrecken müssen Sie tagsüber nichts befürchten. Vorausgesetzt, Sie gehen möglichen Konflikten aus dem Weg:

- Drehen Sie Ringe nach innen.
- Tragen Sie Schmuck unter der Kleidung – oder lassen Sie ihn ganz weg.
- Verzichten Sie auf Pelze.
- Halten Sie Handtasche und Einkaufstüten am Körper und nicht über dem Arm.

Bus

Busfahren ist sicherer und simpler als U-Bahn-Fahren – dafür aber auch sehr viel langsamer. Per U-Bahn legen Sie die Strecke vom Rockefeller Center

Die U-Bahn in New York

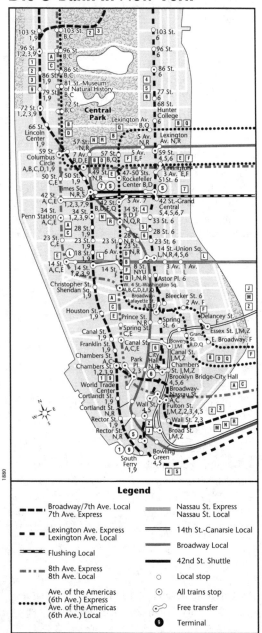

Die Shoppingtour

(Midtown) zur Wall Street (Downtown) in zehn Minuten zurück, mit dem Bus kann die Fahrt eine Stunde dauern.

Der Preis ist der gleiche: 1,50 Dollar. Die Fahrer akzeptieren Münzgeld und U-Bahn-Tokens. Falls Sie umsteigen müssen, bekommen Sie einen Gutschein für die Weiterfahrt, der eine Stunde gilt. Welcher Bus wohin fährt, erkennen Sie an den Schildern am Straßenrand. Zur Sicherheit sollten Sie den Fahrer noch einmal fragen, ob die Richtung stimmt. Während der Rush-hour sind Busse oft sehr voll und sehr langsam.

Taxi

Falls Sie schnell vorwärtskommen müssen, machen Sie es wie die New Yorker: Gehen Sie zu Fuß. Alternativ können Sie natürlich auch Taxi fahren – wenn Sie eines bekommen. Bei Regen ist das nicht so einfach.

Freie Cabs erkennen Sie am erleuchteten Taxischild. Stellen Sie sich an den Straßenrand und winken Sie den Fahrer heran. Und geben Sie ihm nach der Fahrt Trinkgeld. 15 Prozent des Fahrpreises sind ausreichend.

ÖFFNUNGSZEITEN

In der Stadt, die niemals schläft, können Sie tatsächlich rund um die Uhr einkaufen. Sofern es nicht gerade **Bloomingdale's** sein muß.
Normalerweise haben Geschäfte von 10 bis 17.30 oder 18 Uhr geöffnet, und das von montags bis samstags.

- In Viertel, etwa rund um die Wall Street, machen die Läden meist schon um 7.30 oder 8.00 Uhr auf, damit die Angestellten auf dem Weg zur Arbeit noch etwas kaufen können. Dafür ist hier das ganze Wochenende dicht.
- Auch im Zentrum machen die Läden, die Busineßklamotten verkaufen, früher auf, meist um 9 Uhr, und schließen dafür eher (17 Uhr).
- Kaufhäuser bleiben montags und donnerstags abends länger offen, meist bis 21 Uhr.
- Buchläden haben Öffnungszeiten, die keiner Regel folgen.
- Weihnachten hält sich sowieso keiner an Regeln.
- Auch an anderen Feiertagen verfahren die Geschäfte nach Belieben. Vorsicht deshalb am
  - 1. Januar (Nationalfeiertag)
  - 1. Montag nach dem 15. Januar (Martin-Luther-King-Gedenktag)
  - 17. Februar (Washingtons Geburtstag)
  - letzter Montag im Mai (Memorial Day)
  - 4. Juli (Unabhängigkeitstag)
  - erster Montag im September (Tag der Arbeit)
  - zweiter Montag im Oktober (Columbus Day)
  - 11. November (Veterans Day)
  - vierter Donnerstag im November (Thanksgiving)
- Im Sommer machen einige Läden samstags bereits mittags zu oder erst gar nicht auf.
- Generell schließen Geschäfte samstags eher als an Werktagen, meist um 17 oder 17.30 Uhr.

Ausnahmen bestätigen die Regel: **Barney's** hält sein Haupthaus an der 17th Street montags bis donnerstags bis 21 Uhr offen. **Nobody beats the Wiz**, eine Elektronikkette, hat sechs Tage die Woche bis 22 Uhr offen.

- Geschäfte, die jüdische Besitzer haben, lassen freitags um 14 Uhr die Rolläden herunter und bleiben bis Sonntag früh geschlossen. Das betrifft vor allem die Lower East Side und einige Läden im Rest der Stadt, etwa **47th Street Photo**.
- Sonntags ist für Juden ein regulärer Arbeitstag, die Geschäfte öffnen um 10 Uhr. Die meisten anderen Läden haben sonntags ab Mittag geöffnet und schließen um 17 Uhr.
- In Vierteln wie SoHo oder der Upper West Side tobt sonntags das Leben: Das Szenevolk trifft sich zum Brunchen und Shoppen.

SHOPPINGHILFEN

Kaufhausführer

Kaufhausführer, genannt »Special Shopper«, gehören zu den erstaunlichsten Errungenschaften New Yorks. Jedes Kaufhaus in Manhattan beschäftigt diese Leute, deren Job einzig und allein darin besteht, Kundschaft beim Einkauf zu beraten und zu unterstützen – und das kostenlos.

Ein idealer Service, wenn Sie sich auf einer Geschäftsreise befinden und wirklich nur ein paar Minuten Zeit haben: Sie äußern ihre Vorstellungen, und der Shoppingführer kümmert sich um alles weitere. Er oder sie durchkämmt mit Ihnen den Laden, stellt Kombinationen zusammen, bringt sie sogar zu Ihnen nach Hause oder ins Hotel, wenn Sie keine Lust oder Zeit haben, selbst shoppen zu gehen.

Das alles ist im Normalfall kostenlos, da »Special

Shopper« Angestellte des Kaufhauses sind. Dafür konzentriert sich die Beratung auch ausschließlich auf das Angebot des Arbeitgebers.

Dolmetscher

In allen großen Kaufhäusern können Sie telefonisch einen Dolmetscher bestellen. Der Concierge Ihres Hotels ist Ihnen dabei sicher gerne behilflich. Die meisten Läden auf der Fifth Avenue haben mehrsprachiges Personal. Bei **Pratesi** kann bestimmt einer italienisch. Bei **Brookstone** tragen die zweisprachigen Angestellten kleine Buttons (*Hi. I'm Ed. Ich spreche deutsch*).

Transport

Falls Sie keine Lust haben, Ihre Einkäufe mit sich herumzuschleppen, können Sie in Ihrem Hotel anrufen und den Concierge bitten, die Sachen abholen zu lassen. Kaufhäuser liefern auch nach Hause, stellen aber **UPS**-Raten in Rechnung, und Sie müssen ein paar Tage auf Ihre Sachen warten.
Falls Sie von New York aus zu anderen Zielen innerhalb der Staaten reisen, kann es sich lohnen, die Einkäufe per **Federal Express** dorthin zu schicken. Denn dann entfällt die 8,25prozentige New Yorker City Tax. Wenn Sie Glück haben, geraten Sie vielleicht sogar an einen der (wenigen) Läden, die Einkäufe innerhalb der Staaten kostenlos versenden.

US-GRÖSSEN

Kleider- und Schuhgrößen lassen sich mit Hilfe einer Tabelle umrechnen. Daneben haben die Amerikaner verschiedene Schnitte: Unter dem Etikett »Junior« oder »Missy Size« wird in den Größen 3, 5, 7, 9, 11 usw. Mode für kompakte Figuren verkauft. »Petite« spricht zierliche Frauen an. Die Modelle haben ein P neben der Größenangabe. Und falls Sie besonders groß sind, sollten Sie nach »Queen Size«, »Plus« oder den Größen 1X, 2X, 3X suchen. Herrenmode hängt normalerweise bis Größe 44 (Deutschland 54) auf der Stange. Wer größer ist, wird eher in Spezialgeschäften fündig (siehe Sondergrößen, Seite **131**).

Damenmode

USA	8	10	12	14	16	18
D	38	40	42	44	46	48

Damenschuhe

USA	5	6	7	8	9	10
D	36	37	38	39	40	41

Kinderkleidung

USA	3	4	5	6	6X
D	98	104	110	116	122

Kinderschuhe

USA	8	9	10	11	12	13	1	2	3
D	24	25	27	28	29	30	32	33	34

Herrenmode

USA	34	36	38	40	42	44	46	48
D	44	46	48	50	52	54	56	58

Herrenhemden

USA	14,5	15	15,5	16	16,5	17	17,5	18
D	37	38	39	41	42	43	44	45

Herrenschuhe

USA	7	8	9	10	11	12	13
D	39,5	41	42	43	44,5	46	47

VORSICHT: FALLE

Nepper & Schlepper

Fifth Avenue ist die bekannteste Einkaufsmeile in den USA. Dennoch sind viele der Läden nicht berühmt und drehen Touristen Kameras, Elektroartikel, Füller und anderen Junk zu vermeintlich günstigen Preisen an. »Going out of Business« – an diesen Schildern, die seit 25 Jahren die Schaufenster schmücken, erkennen Sie sofort die Touristenfallen. Die wenigsten dieser Läden geben ihre Geschäfte auf. Kaum einer arbeitet mit Fixpreisen. Und Skrupel hat sowieso keiner.

Sales Tax

Die Amerikaner kennen keine Mehrwertsteuer. Statt dessen halten sich die Bundesstaaten mit Verkaufssteuern schadlos. Die addiert sich jeweils zum Endpreis auf dem Preisschild.
Diese »Sales Tax« variiert innerhalb der Staaten: New Hampshire etwa erhebt gar keine Steuern, New Jersey beläßt Kleiderkäufe steuerfrei. New York kassiert bei jedem Kauf 8,25 Prozent und

gehört damit zu den teuersten Städten in den Staaten. Sie können die »Sales Tax« allerdings umgehen, wenn Sie sich ihren Einkauf vom Geschäft an eine Adresse außerhalb New Yorks schicken lassen. Das kann die Adresse eines Freundes, aber auch ihr nächstes Hotel sein. Mit **Federal Express** und **UPS** haben Sie die Sachen binnen zwei Tagen. Der Aufwand lohnt sich aber wirklich nur bei teuren Anschaffungen.

Trinkgeldtrick

10 bis 15 Prozent Trinkgeld sind normal, egal ob im Restaurant, Taxi oder Hotel. Beim Zimmerservice addieren viele Hotels allerdings bereits 15 Prozent und lassen dann noch mal eine Zeile für »Gratuity« frei. Doppelt müssen Sie den Service nicht honorieren.

Übergepäck

Falls Sie dem Kaufrausch verfallen, haben Sie gegebenenfalls beim Rückflug ein Problem: Fluggesellschaften checken nur zwei Gepäckstücke bis zu je 32 Kilogramm ein. Dieses »Two-piece-Konzept«, das auf USA-Strecken von allen Airlines angewandt wird, ist bereits ziemlich großzügig. Dennoch könnte die Kiste mit dem neuen Porzellanservice mehr wiegen. Was dann?
Aufzahlen ist eine Möglichkeit: Die **Lufthansa** etwa verlangt für Gepäckstücke, die mehr als 32 Kilogramm wiegen, 200 Mark Zusatzgebühr. Auch ein drittes Gepäckstück kostet 200 Mark. Die **LTU** will für jeden Extrakoffer sogar 250 Mark haben.
Fazit: Lieber eine riesige Tasche nehmen als drei kleine. Oder die Sachen mit der Post schicken. Per Schiff dauert das sechs bis acht Wochen. Der Preis richtet sich nach dem Gewicht:
– 5 Kilo kosten 25 Dollar

- 10 Kilo 44 Dollar
- 30 Kilo 63 Dollar usw.

Luftfracht ist jeweils ein Drittel teurer. Aufgeben können Sie Ihre Schätze bei jedem US Post Office, auch mitten in der Stadt. Etwa am Rockefeller Center an der Fifth Avenue, Ecke 49th Street, zwischen 9 und 17.30 Uhr.
Großer Vorteil: Sie müssen bei der Rückkehr nicht mit unangenehmen Fragen der Zollbeamten rechnen.

Vorsicht: Zoll

Ankunft in Deutschland: Schon mancher Shopper ist da bei der Zollkontrolle aus allen Wolken gefallen. Denn Aufschläge von mehr als 30 Prozent können aus einem New-York-Schnäppchen ein relativ teures Mitbringsel machen.
Was viele nicht wissen: Die Freigrenze für Waren, die sie zollfrei aus den Staaten mitbringen dürfen, liegt gerade mal bei 350 Mark. Maßgeblich ist der (geschätzte) Einkaufspreis. Bei Parfüm sind 50 Milliliter frei und 100 Milliliter bei Eau de Toilette.
Wer mehr hat, wird mit Zoll plus Mehrwertsteuer zur Kasse gebeten. Die Sätze richten sich danach, was im Koffer ist. Liegt der Gesamtwert oberhalb der Freigrenze von 350 Mark, jedoch unter 790 Mark, dann berechnen die Beamten pauschal 20 Prozent Aufpreis. Danach wird differenziert: Jeans etwa kosten 13,2 Prozent Zoll, eine Videokamera 14 Prozent. Auf den Preis plus Zoll addieren sich dann noch 7 beziehungsweise 16 Prozent Mehrwertsteuer.

Waren	Zollsatz (%)
CD	3,8
Damenkostüm (Wolle)	13,2
Golfschläger	3,4
Herrenjacket (Wolle)	13,2
Jeans	13,2
Laptop	–
Nerzmantel	4,2
Herrenschuhe (Leder)	8,0
Damenhandtasche (Leder)	3,4
Videokamera	14,0

Achtung: Diese Sätze ändern sich ständig. Deshalb ist es sinnvoll, kurz vor dem New-York-Trip bei der »Unverbindlichen Zolltarifauskunft« der Oberfinanzdirektionen anzurufen. Das Hauptzollamt am Hamburger Freihafen unterhält eine gut informierte Truppe – zu erreichen unter ☎ 33 97–64 74, -64 64, -64 39, -65 61.

Schmuggeln ist keine gute Idee: Die Grenzer stellen bei Schmuggelware bis zum Wert von 420 Mark die doppelte Pauschale (40 Prozent) in Rechnung. Ab 600 Mark läuft ein Steuerstrafverfahren an.

SHOP & SLEEP

Wenn es um Hotelbuchungen geht, scheiden sich die Geister. Manche sagen: »Ich schlafe dort ja nur« und wollen das billigste Zimmer, das sie in einer sicheren Gegend finden können.
Für die sind Bed&Breakfast-Agenturen eine gute Anlaufstelle, die Zimmer von Privatleuten vermitteln. Anders als in Großbritannien bekommen Sie den Vermieter dabei allerdings nicht zwangsläufig zu Gesicht. Fragen können Sie unter anderem bei

AT HOME IN NEW YORK
Telefon: (001 / 212) 9563125,
Fax: 2473294

URBAN VENTURES
Telefon: (001 / 212) 5945650,
Fax: 9479320

NEW YORK HABITAT
Telefon: (001 / 212) 2558018,
Fax: 6271416

Die Mitwohnzentrale, die ganze Apartments und Wohnungen vermittelt, ist für längere Aufenthalte interessant.

Ich ziehe Hotels vor. Wenn ich reise, dann will ich etwas anderes erleben als zu Hause. Daheim lebe ich einfach. Unterwegs will ich Luxus und Service sowie eine gute Lage. Ohne dafür ein Vermögen zu zahlen.
Die meisten Hotelzimmer sind am Wochenende billig zu haben. Fragen Sie Ihr Reisebüro nach den

Sonderangeboten der großen Hotelketten für ein verlängertes Wochenende. Oder Sie rufen direkt die gebührenfreien Nummern der großen Ketten an

Best Western: (0180) 2212508
Four Seasons: (0800) 8523360
Hilton: (0130) 818146
Holiday Inn: (0130) 815131
Inter-Continental: (0130) 853955
Leading Hotels: (0800) 8521100
Marriott: (0130) 854422
Sheraton: (0130) 853535

Vor Ort ist die Sonntags-Reisebeilage der *New York Times* eine gute Quelle für Wochenendraten und spezielle Promotionsangebote.

Viele Zimmer bekommen Sie auch sehr günstig, wenn Sie bei Reiseveranstaltern wie dem **Deutschen Reisebüro (DER)** oder **Meier's Weltreisen** buchen. Außerdem sollten Sie sich in den Filialen der großen Reisebüroketten wie **First, American Express** oder **Hapag Lloyd** nach der Corporate Rate für ihr gewünschtes Hotel erkundigen – Mengenrabatte, die die Reisebüroketten für Geschäftsreisende ausgehandelt haben und an jeden Kunden weitergeben können.

Die Telefonvorwahl für alle New Yorker Hotels ist die (001/212).

DIE LUXURIÖSEN SHOPPINGHOTELS

Ritz-Carlton
112 Central Park South

Meine Heimat in der Fremde. Eine geheime Zuflucht voller Luxus, die durch ihre Lage besticht. Abgesehen davon bietet dieses Hotel einen verdammt guten Service. Jedes Mal beim Einchecken freue ich mich darüber, daß Michele sich an mich und meinen Namen erinnert.

Um die Ecke, auf der Sixth Avenue und 57th Street, liegen alle Läden, die ich benötige, um meine Grundbedürfnisse zu befriedigen: einen 24-Stunden-Shop, **Woolworth**, ein Zeitungskiosk, diverse Billigrestaurants und zwei Drogerien.

Außerdem schätze ich den Concierge-Floor, wo Gäste ihr Frühstück, Snacks und Tee bekommen. Wenn ich Geschäftsfreunde bewirten muß, dann tue ich das am liebsten hier oben in der Concierge Lounge. Die Räume sind grandios, und das Essen ist umsonst. Ein privater, kostenloser Club.

Am Wochenende kosten die Zimmer 199 Dollar (☎ 757 19 00, Fax: 757 96 20).

The Pierre
Fifth Avenue an der 61st Street

Früher dachte ich immer, daß das **Pierre** eines von diesen ultraschicken Hotels ist, in denen ich mich unwohl fühle. Damals wußte ich noch nicht, daß es zur Kette der Four-Seasons-Hotels gehört und diese altmodische Eleganz ausstrahlt, die einem das Gefühl gibt, angekommen zu sein. Außerdem ist die Lage zum Shoppen perfekt.

Die Zimmer sind teuer, aber Sie können immer wieder Glück haben und eine spezielle Wochenend-, Nebensaison- oder sonstige Rate erwischen (☎ in Deutschland: 08 00 / 8 52 33 60).

New York Palace
455 Madison Avenue an der 50th Street

Das **Palace** trägt seinen Namen zu Recht: Optisch erinnert das Haus an einen Palast. Abgesehen von der Lage mitten im Shoppingdistrikt, bietet das Palace Gästen Rabatt auf Einkäufe bei **Saks**. Die Wochenendrate liegt bei 199 Dollar – so ziemlich das Optimum, was bei einer Top-Herberge in zentraler Lage machbar ist (☎ 888 70 00, Fax: 6 44 57 50).

DIE VIER-STERNE-SHOPPING-HOTELS

THE WARWICK
65 W. 54th Street

Ich nenne dieses Hotel immer Ritz Carlton für Arme: Die Lage ist einfach grandios. Und Sie finden hier ein optimales Preis-Leistungs-Verhältnis. Falls Sie mit Kindern unterwegs sind – das ist ihr Hotel. Die Zimmer sind groß genug für vier Leute. Falls Sie ohne Kinder reisen, noch besser. Dieses alte traditionelle Haus hat ein aufwendiges Renovierungsprogramm hinter sich und erstrahlt jetzt im neuen Glanz. Man fühlt sich hier wohl und wohnt zentral auf einer Höhe mit dem Hilton, aber kein malerisches, kein perfektes Hotel, keine Lobby, die Sie umwirft, und auch die Leute an der Rezeption sind nicht immer brillant. (☎ 247 27 00).

THE DRAKE
440 Park Avenue an der 56th Street

Dieses feine Hotel gehört zur Swisshôtel-Kette und verdankt seinen Ruf der exzellenten Lage und den fairen Preisen. Gäste finden hier eine persönliche Atmosphäre. Die Zimmer sind vergleichsweise klein und im Biedermaierstil dekoriert, die Standardrate liegt bei 219 Dollar. Wochenendrabatte gibt es hier nicht, dafür immer mal wieder Aktionswochen, in denen der Zimmerpreis bis auf 155 Dollar fällt (Reservierungen über Swisshôtel, ☎ [01 30] 84 58 58).
Für Geschäftsleute und alle, die bei **Century 21** shoppen wollen, hält das **Drakes** noch ein weiteres

Bonbon parat: den allmorgendlichen kostenlosen Limousinenservice zur Wall Street.

THE FITZPATRICK
687 Lexington Avenue an der 56th Street

Das Hotel liegt etwas versteckt und ist auch sonst ungewöhnlich – ein modernes Hochhaus auf der Eastside, das zu einer irischen Hotelkette gehört und sehr persönlich geführt wird. Die Lobby ist im ersten Stock. Für die Zimmer gibt es alle möglichen Sales, auch am Wochenende. Dann kostet der Standardraum nur noch 149 Dollar und eine Suite 179 Dollar (☎ 355 01 00, Fax: 355 13 71).

DIE DESIGNHOTELS

PARAMOUNT
235 W. 46th Street, zwischen Broadway und Eight Avenue

Design total. Das **Paramount** wurde Ende der achtziger Jahre von Philippe Starck neu gestylt und hält sich seitdem als Szenetreff. Ideal für Alleinreisende: Die 610 Zimmer sind klein, aber geschmackvoll, die Tische rund um die Lobby perfekt fürs Solodinner, und **Dean & Deluca** unterhält im Hotel ein Café. Zimmer ab 179 Dollar (☎ 7645500, Fax: 3545237).

ROYALTON
44 W. 44th Street

Philippe Starck zum zweiten. New Yorker Klassiker mit 168 schön gestylten Zimmern. Die langgezogene Lobby mit integrierter Bar ist ideal zum Socialising, das Fitneßcenter hat rund um die Uhr geöffnet. Zimmer ab 225 Dollar (☎ 8694400, Fax: 8698965).

SOHO GRAND HOTEL
310 West Broadway zwischen Grand und Canal Street

Nun müssen sich Szenegänger gar nicht mehr aus SoHo wegbewegen. Dieses Hotel ist modern, fast protzig, und paßt hervorragend in die trendige Nachbarschaft. Die Zimmer sind schlicht, klein, sehr schick und ab 150 Dollar zu haben (☎ 9653000, Fax: 9653244).

SHOP & SNACK

Eine der wichtigsten Lektionen, die ich im Lauf meiner Reisen gelernt habe: Hotelrestaurants, egal wie berühmt, sind immer auf der Suche nach Mittagsgästen. Deswegen bekommen Sie dort oft die besten Lunch-Deals der Stadt.

Viele der elegantesten Adressen Manhattans locken Kunden mit Mittagsmenüs, die zwischen 20 und 25 Dollar kosten. Das zahlen Sie auch an vielen anderen Orten, und Sie bekommen dafür schlechtere Qualität und schlechteren Service.

Mein Favorit heißt **The Mark** (Madison Avenue an der 77th Street), weil es mitten im Herzen der Madison-Einkaufsmeile liegt und weil man dort für 20 bis 25 Dollar ein hervorragendes Essen bekommt.

Auch **The Pierre** (Fifth Avenue an der 61st Street) serviert für 26 Dollar ein sensationelles Mittagsmenü im **Café Pierre**.

Noch ein Tip: Weil die meisten Broadway-Shows um 20 Uhr anfangen, verkaufen viele Restaurants im Zentrum spezielle »Pre-Theater«-Menüs. In guten Restaurants kostet das Menü um die 30 Dollar, und damit zahlen Sie erheblich weniger als Gäste, die um 20 Uhr à la carte essen. In diesen Genuß kommen Sie, ohne Theaterkarten vorzeigen zu müssen. Ihr Menü muß lediglich um 18 Uhr beginnen.

THEMENRESTAURANTS

Planet Hollywood
140 W. 57th Street

Sicher einen Besuch wert, falls Sie Arnold Schwarzeneggers Restaurantkette noch nicht kennen. Der Laden hat etwas von einer Jukebox, es ist laut und voll, und überall hängen Kinoreliquien. Die Speisekarte ist umfangreich, die Preise akzeptabel. Am Eingang können Sie T-Shirts und ähnliches Zeug mit Aufdrucken erwerben.

Hard Rock Café
221 W. 57th Street

Ein internationales Phänomen, auf niedrigerem Niveau als **Planet Hollywood** und eher für Teenager. Das Beste am Laden ist die T-Shirt-Boutique.

Fashion Café
51 Rockefeller Plaza

Dieses Möchtegerncafé verdanken wir diversen Models, auch Claudia Schiffer ist mit von der Partie. Bislang vor allem bei Teenagern beliebt. Die Deko ist reichlich verrückt.

KAUFHAUSSNACKS

Barney's
660 Madison Avenue an der 61st Street

Fred's heißt das durchgestylte Restaurant im Untergeschoß von **Barney's** Uptown-Dependance. Der Edel-Italiener ist als Futterstelle äußerst angesagt, mir persönlich aber zu Chi-Chi. Gönnen Sie sich den Spaß ruhig einmal, und lassen Sie die Kinder zu Hause.

HENRI BENDEL
712 Fifth Avenue an der 56th Street

Im Tea Room im ersten Stock bekommen Sie nicht nur Tee, sondern auch leichtes Essen, und das mit Blick auf die Fifth Avenue. Die Wände sind mit Teetassen dekoriert, die Tische haben Ablagen für Handtaschen. Das Essen ist schmackhaft und erschwinglich – 15 Dollar für eine Vorspeise. Gute Salate.

BERGDORF GOODMAN
754 Fifth Avenue an der 58th Street

Ideales Café, um einen Salat zu essen. Im fünften Stock.

BLOOMINGDALE'S
1000 Third Avenue

Die Qual der Wahl: **Le Train Bleu** (reguläres Restaurant), **40 Carats** (vegetarische Küche), **Pasta Bar** (Pizza) und das **Showtime Café** (Cafeteria).

LORD & TAYLOR
424 Fifth Avenue, Ecke 38th Street

Zwei Restaurants und eine Espressobar. Schauen Sie vorbei, falls Sie hier sind.

MACY'S
Herald Square, 151 W. 34th Street

Das Kaufhaus verköstigt Kunden auf jeder Etage. Ich kaufe meistens einen Burger im **The Cellar** oder gönne mir im reizenden **French Café** ein vollständiges Mahl.

Saks
611 Fifth Avenue an der 50th Street

Das Café **SFA** gehört zu meinen New Yorker Lunch-Lieblingsadressen: elegant, ohne steif zu wirken, mit günstigem Essen. Große Auswahl an leichten Speisen, viele Salate. Das Beste: Zum Essen reicht das SFA wunderbares Rosinen-Walnuß-Brot.

SNACKS

Dean & Deluca
1 Rockefeller Plaza
560 Broadway
1 Wall Street Court
121 Prince Street
235 W. 46th Street

Eine New Yorker Institution. Es macht Spaß, bei **D&L** einzukaufen, eine Tasse Kaffee zu trinken, einen Happen zu essen und die Leute zu beobachten.

Burger Heaven
9 E. 53rd Street
804 Lexington Avenue
291 Madison Avenue
20 E. 49th Street

Vergessen Sie McDonald's. Diese Kette verkauft die wahren Hamburger. Mein Favorit heißt Roquefort-Burger (5,90 Dollar). Aber Sie bekommen hier auch andere Köstlichkeiten, etwa Pizza-Burger. Und das unweit der Fifth Avenue.

BURKE & BURKE
Fifth Avenue an der 48th Street
(☎ 725 73 30)
Fifth Avenue an der 28th Street
(☎ 682 20 20)

Burke & Burke ist ein Sandwichladen für Gourmets. Die Auswahl ist immens. Am besten: das Truthahn-Brie-Baguette mit Honig und Senf (6,95 Dollar). Kunden nehmen die Sandwiches normalerweise mit nach Hause. Sie können Sich Ihre bevorzugten Exemplare auch kostenlos ins Hotel liefern lassen.

ZABAR'S
2245 Broadway an der 80th Street

Früher habe ich das Huhn in Zitronen-Knoblauch-Soße nach Los Angeles importiert. Der Laden ist legendär. Jahrzehntelang der Ort, wo New Yorker Singles sich ihr Abendessen holten.

CALIFORNIA PIZZA KITCHEN
201 E. 60th Street

Diese Kette besitzt Restaurants in ganz Amerika und ist bei Teenagern extrem beliebt. Stellen Sie sich auf lange Wartezeiten ein – es sei denn, sie sind besonders früh oder besonders spät dran. Die New Yorker Filiale liegt nicht weit von **Bloomingdale's** (☎ 755 77 73).

TUSCAN SQUARE
630 Fifth Avenue, Eingang an der W. 51st Street

Dieser Neuzugang im Rockefeller Center wirft einen glatt um. Die Idee, die Location, das Essen – alles ist genial. **Tuscan Square:** Das ist ein Restaurant, ein Laden, ein Markt, ein Imbiß, ein Video-Center, ein Ort, an dem es nicht langweilig wird. Der Markt im Untergeschoß öffnet um 8 Uhr.

TEA-TIME

Die britische Tradition des Teetrinkens hat sich auch in New York durchgesetzt. Neben ein paar Teehäusern servieren praktisch alle großen Hotels nachmittags Tee und Kuchen. Kein Wunder: Wer den ganzen Tag unterwegs ist oder erst spätabends nach dem Theater etwas zu essen bekommt, ist für einen Nachmittagssnack dankbar.

The Pierre
Fifth Avenue an der 61st Street

Tee im **Rotunda** ist einzigartig. Der opulent dekorierte, in Weiß und Gold gehaltene Teesalon liegt zentral in der Lobby des Hotels. Bei diesem Luxusambiente wirken 5 Dollar für eine Tasse Tee fast bescheiden. Snacks kosten extra.

Mayfair Hotel
610 Park Avenue, Eingang East 65th Street

Tee mit Tradition in plüschiger Umgebung. Das Hotel liegt zentral, direkt neben der Madison, und eignet sich hervorragend, um nach einem stressigen Tag eine erholsame Pause einzulegen.

SOHO-SPECIALS

In SoHo bekommen Sie an jeder Ecke etwas zu essen: Es gibt hier unzählige Lebensmittelläden, Kioske, Schnellimbisse – und natürlich auch einige sehr schicke Lokale.

BALTHAZAR
80 Spring Street zwischen Broadway und Crosby

Das derzeitige »In«-Lokal, im Stil eines französischen Bistros, mit angenehmem Publikum und zivilen Preisen. In der angeschlossenen Bäckerei verkauft **Balthazar** Brot. Kommen Sie mittags, dann ist es nicht ganz so voll, und reservieren Sie vorher (☎ 965 17 85).

BAROLO
398 W. Broadway zwischen Spring und Broome Street

Gut, um Pasta zu essen, im Sommer auch im Garten. Ab 13.30 Uhr steigen die Chancen, auch ohne Reservierung einen Platz zu bekommen (☎ 226 11 02).

MONZU
142 Mercer Street, Ecke Prince Street

Ambitiöse Küche, immer gut besucht. Einer der Küchenchefs hat bei David Bouley gelernt (☎ 343 03 33).

Online-Tip

🖳 http://cgi.pathfinder.com/
cgi.-bin/zagat/homepages
Mit dieser Adresse landen Sie auf der Homepage des Restaurantführers Zagats und können dort für viele Restaurants Kurzkritiken abrufen.

DIE STADTTEILE

Wie die meisten Metropolen beherbergt New York die verschiedensten ethnischen Gruppen, Architekturstile und wandelt wie ein Chamäleon alle paar Kilometer sein Aussehen. Jeder dieser Stadtteile hat einen ganz eigenen Charakter und drückt Läden unweigerlich einen Stempel auf.

Der Übergang verläuft fließend. Entlang einer Straße wechselt die Szenerie nach ein paar Kilometern. Mal sieht es mehr nach Wohngegend, dann nach Einkaufsviertel und mitunter auch nach einer zwielichtigen Ecke aus. Aber keine Sorge: Das ändert sich wieder in ein paar Kilometern.

Im Lauf eines halben Jahres wandeln Viertel völlig ihr Gesicht, und die Gegend, die Sie auf den Tod nicht ausstehen konnten, wird vielleicht Ihr Favorit. Sukzessive werden immer mehr Gegenden renoviert und Viertel aus dem Umland in die Stadt integriert. Den früheren New Yorker Stil finden Sie jetzt auch in Norwalk und New Jersey im Überfluß. Und was früher zu meiner Jugendzeit noch als »üble Gegend« galt, läuft heute unter »schicke Adresse«.

Einkaufen können Sie an (fast) jeder Ecke. Weil das Angebot vieler Geschäfte ähnlich, oft sogar identisch ist, genügt es allerdings, wenn Sie sich ein paar ausgewählte Viertel und Straßen und gegebenenfalls noch ein Fabrikverkaufscenter außerhalb New Yorks ansehen.

Allerdings sollten Sie sich vorher bei der Auswahl der Stadtteile Gedanken über Ihre Interessen machen. Nicht alle Leute können sich ja für teure US-Luxus-Designer begeistern (und andere sind genau deswegen hier).

Manhattan

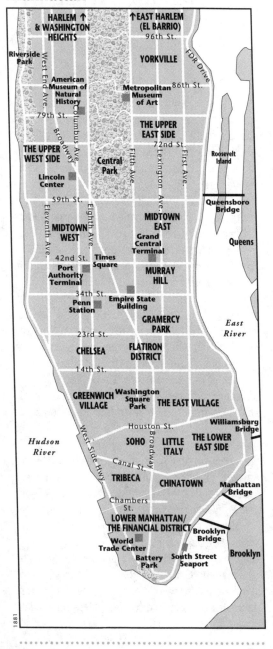

Beim Einkauf sollten Sie die Viertel in einem Kreis oder entlang einer Linie abarbeiten. Das ist die ökonomischste Variante, New York zu erobern, und erspart Ihnen zeitaufwendige Transfers vom einen Ende der Stadt zum anderen. Manhattan ist nicht so groß wie Tokio, aber das U-Bahn-System der japanischen Stadt ist um Längen besser.
Alles schaffen Sie sowieso nicht in einer Woche, selbst ein Monat genügt nicht, um ganz New York zu sehen. Aber einige Minuten Stadtplanstudium im Vorfeld machen sich in jedem Fall bezahlt.

57TH STREET: EDELDESIGNER & DISCOUNTSHOPS

Wohl kaum eine andere Straße ist so typisch für die neue Einkaufsszene Manhattans. Im Lauf von ein paar Jahren hat sich diese Straße völlig gewandelt. Früher galt die 57th Street als eine der edelsten Adressen New Yorks. Heute finden sich hier zwei unterschiedliche Typen von Geschäften: Neben den todschicken Dependancen von **Chanel, Escada** und **Bergdorf Goodman** sind **Levi's** und **Victoria's Secret** eingezogen. Außerdem gilt die 57th Street traditionell als hochklassige Adresse für Wohnungen und Büros, vor allem an der Ecke zur 5th Avenue. Die interessantesten Geschäfte liegen zwischen Park Avenue und Carnegie Hill (887 Seventh Avenue an der W. 57th Street). Hier finden Sie eine Reihe exklusiver Antiquitätenläden (meist im ersten Stock) und Galerien, eine Reihe berühmter europäischer Designer und einen der prominentesten US-Namen: **Tiffany & Co.**

Allerdings beziehen hier immer mehr Billiggeschäfte Quartier wie etwa der Discountshop **Daffy's**. Von **Niketown, Levi's** und dem **Warner Brothers Studio Store** ganz zu schweigen. Und das kommt mir nicht ungelegen. Denn so gern ich mir die Auslagen bei **Bergdorf Goodman** ansehe: Konkrete Käufe tätige ich im Zweifelsfall eher bei **The Limited Express** (10 W. 57th Street) und anderen Discountshops, die die Immobilienpreise zum Sinken gebracht und gutes Aussehen billiger gemacht haben.

Außerdem hat das Viertel ein paar neue Touristenattraktionen gewonnen. Falls Sie mit Kids unterwegs sind, sollten Sie sich den **Jekyll & Hyde-Club** nicht entgehen lassen (1409 Sixth Avenue, zwischen 57th und 58th Street), eine Disney-ähnliche Version eines Burger-Restaurants mit einem Geisterpark, in dem man sich zu Tode erschrecken kann. Außerdem können Sie bei **Planet Hollywood** (149 W. 57th Street) und dem **Hard Rock Café** (221 W. 57th Street) vorbeischauen. Sehen Sie sich auch **Sony's Wonder Technology Lab** an, ein virtueller Freizeitpark mit Musik und Videos. Sony verkauft hier CDs und Kassetten (Madison Avenue, Ecke 56th Street).

Aber auch die Schönen und Reichen kommen auf der 57th noch auf ihre Kosten. **Chanel** hat seine Boutique ausgebaut, **Bulgari** und **Laura Biagiotti** bieten exklusiven italienischen Schick. Andere Italiener sind nachgezogen: **Prada** besitzt jetzt einen Laden auf der East 57th Street, **Diego Della Valle** auch. Was will man mehr?

Dempsey & Carroll
110 E. 57th Street

Von außen eher eine unscheinbare Boutique. Aber hier decken sich Generationen von New Yorkern mit eleganten Dessous ein.

Dana Buchman
65 E. 57th Street

Dana Buchmans Kollektion richtet sich vor allem an Geschäftsfrauen; die Linie wandelt auf dem schmalen Grad zwischen klassisch und langweilig. Auch Sondergrößen werden hier angeboten. Akzeptable Preise.

The Sharper Image
4 W. 57th Street

Sie wollen ihren Mann und die Kinder loswerden? Nehmen Sie sie mit zu **Sharper Image** und laden Sie sie bei den Technikspielereien ab. Ausstellungsstücke können Sie auf den Dienstagsauktionen billiger bekommen.

Ghurka
41 E. 57th Street

Trotz des exotischen Namens: **Ghurka** verkauft äußerst hippe Lederwaren. Die Kombination aus Segeltuch und Leder hat was von **Ralph Lauren**. Das Zeug ist extrem teuer, sehr schick und gilt unter New Yorkern als Statussymbol.

Wathne
4 W. 57th Street

Eine Art Hermès-Outdoor-Kollektion für solventes Klientel. Taschen, Westen und Schals für ein Show-off-Wochenende auf dem Land. Mein Pferd, bitte.

Hammacher Schlemmer
147 E. 57th Street

Ein Spielzeuggeschäft für Erwachsene, mit Elektrospielereien und sonstigem Schnickschnack. Manches hier ist sehr teuer, andere Gimmicks sind fast geschenkt.

57th Street: Edeldesigner & Discountshops

FIFTH AVENUE: DIE MODEMEILE IN MANHATTAN

Lassen Sie sich nicht irritieren: Die New Yorker nennen den Shoppingdistrikt zwischen der 57th und 34th Street nicht Downtown, sondern Midtown. Die Fifth Avenue ist das Zentrum dieses Viertels.

Die Straße pulsiert, glänzt und glitzert. Die Auswahl ist immens. Auf der Fifth Avenue hat **Bergdorf Goodman** seine edlen Läden (je einen für Damen- und Herrenmode). Auf der Fifth Avenue residiert **Takashimaya**, ein todschickes elegantes Kaufhaus, das nicht nur japanische Waren führt. Rundum liegen viele bekannte Namen, von **Liz Claiborne** (650 Fifth Avenue an der 52nd Street) über **Banana Republic** (655 Fifth Avenue an der 52nd Street) und **Façonnable** (689 Fifth Avenue) zu **OshKosh B'Gosh** (586 Fifth Avenue). Auch das **Metropolitan Museum of Art** (15 W. 49th Street) hat einen Laden an der Fifth.

TAKASHIMAYA
693 Fifth Avenue an der 54th Street

Falls Sie nur Zeit für einen einzigen Laden haben und es Ihnen vor allem um Atmosphäre geht, dann ist **Takashimaya** perfekt. In diesem Minikaufhaus des guten Geschmacks ist jedes Detail atemberaubend. Ein pures Fest für Augen und Seele.

Trotz des japanischen Namens verkauft **Takashimaya** vieles, was aus dem Westen stammt, und kombiniert dabei auf hohem Niveau orientalische mit europäischen Einflüssen. Einiges davon ist sogar bezahlbar. Eine Finesse, die Sie sich nicht entgehen lassen sollten.

Gianni Versace
647 Fifth Avenue an der 51st Street

Die barocke Mode ist nicht jedermanns Geschmack. Aber der Laden ist sehenswert, ein wahres Wunderwerk der Architektur, voller Energie, Kreativität und Innovationen. Das ist New York.

WEST 34TH STREET: KAUFHÄUSER & KINDERSACHEN

West 34th Street erstreckt sich von Penn Station bis zur Fifth Avenue. Sie können von der Fifth Avenue aus mit dem Bus fahren und dann zurücklaufen oder die Gegend auf eigene Faust durchstreifen. Verpassen Sie in keinem Fall **Daffy's**, einen der bekanntesten Designer-Discountshops, **Macy's**, **Toys"Я"Us**, **The Gap** und eine wirklich gelungene Filiale von **The Limited Express**. Falls Sie starke Nerven haben und Schnäppchen suchen, sollten Sie auch bei **Conway** reinschauen.

Außerdem empfiehlt sich ein Abstecher ins **Garment Center**, dem Modedistrikt Manhattans, und zu **Lord & Taylor** (Fifth Avenue an der 38th Street). Ideal für alle, die keine Lust auf die hochpreisige Mode der Upper Fifth Avenue haben.

An dem Block von der Fifth Avenue bis zu **Macy's** reiht sich ein Modegeschäft und -discountshop an den nächsten. Diese Ecke ist auch perfekt, um in einem der vielen Kindergeschäfte Sachen für den Nachwuchs zu kaufen. Hin und wieder treffen Sie auf Straßenhändler mit billigen Kopien von Designerparfüms. Je weiter westlich Sie sich bewegen, desto einfacher wird die Gegend. Schwer zu glauben, daß **Lord & Taylor** nur ein paar hundert Meter von **Kmart** entfernt liegen.

Contempo
55 W. 34th Street

Eine Kette mit vielen Filialen in den amerikanischen Shopping Malls. **Contempo** verkauft hippe, trendige Sachen, die nach Designer aussehen und doch nur einen Bruchteil kosten. Nicht nur für Teens und Twens interessant.

LOWER FIFTH AVENUE: SZENESHOPPING

Wenn Sie mich nach der spannendsten Ecke der Fifth Avenue fragen, dann würde ich Sie zur Lower Fifth schicken. Diese Gegend läuft auch unter dem Namen SoFi (Südlich von Flatiron). SoFi wimmelt von Filialketten, Discountshops, originellen Boutiquen und führt direkt zur Ladies Mile mit ihren Kaufmärkten und Schnäppchenläden.

Am besten hüpfen Sie am dreieckigen **Flatiron Building** (23rd Street) aus dem Bus und beginnen ihre Tour. Zunächst laufen Sie die Fifth Avenue entlang Richtung 14th Street. Dann haben Sie verschiedene Alternativen: Zum einen können Sie westlich in Richtung Chelsea gehen und zu **Barney's** (106 Seventh Avenue an der 17th Street). Danach bietet sich der Weg über die Ladies Mile an, oder Sie laufen über den Union Square und den Markt zum Broadway in das Wohnkulturviertel rund um **ABC Carpet & Home** (888 Broadway an der 19th Street). Von dort aus können Sie weiter den Broadway entlanglaufen, vorbei an der New York University, und landen direkt in SoHo. Oder Sie ziehen das Village vor.

In jedem Fall ist die Lower Fifth eine Ecke, die Sie nicht verpassen sollten. Damit Sie dort unten nicht verlorengehen, empfiehlt sich allerdings ein intensiver Blick auf den Stadtplan.

DAFFY'S
111 Fifth Avenue an der 18th Street

Für Schnäppchenjäger einer der besten Läden in New York. Auf zwei Etagen hängt hier Damen-, Herren- und Kindermode dicht an dicht. Vieles davon wird von den großen Kaufhäusern geschickt. Daffy hat noch andere Filialen in Manhattan (Seite **153**). Ich mag diesen Laden wegen der Atmosphäre.

C. P. COMPANY
175 Fifth Avenue an der 23rd Street

Im Flatiron Building verkauft **C. P. Company** italienische Herrenmode. Ziemlich teuer, aber allein schon wegen des Besuchs im Flatiron-Gebäude lohnt sich ein Abstecher.

PAUL SMITH
108 Fifth Avenue an der 16th Street

Bekannter Londoner Designer, der traditionelle Männermode mit neuen Farben und Stoffen peppig abwandelt. Vieles kann auch von Frauen getragen werden. Ausgezeichnete Qualität, entsprechende Preise. Kommen Sie im Schlußverkauf.

STATE OFFICE SUPPLY
50 Fifth Avenue an der 20th Street

Schreibwarenladen, der durch seine enorme Auswahl besticht. Falls Sie Filofax suchen: Hier bekommen Sie alle erdenklichen Varianten.

CLUB MONACO
156 Fifth Avenue an der 26th Street

Eine kanadische Kette mit etwa 150 Läden in der ganzen Welt und einem neuen Flagship-Store an der Lower Fifth. Gute Anlaufstelle für Trendies, die bezahlbare Sachen suchen.

LOWER BROADWAY: INTERIEUR & INTERESSANTE LÄDEN

Auch östlich von SoFi tobt das Leben. Hauptattraktion ist der Broadway, der hier unten unter LoBro läuft.

Die Shops versorgen New Yorker mit zwei Essentials: Möbeln und hippen Klamotten. Union Square ist das Zentrum dieses Szeneviertels. Der **Green Market** zieht Leute von weit her an, und läuft montags, mittwochs, freitags und samstags von 8 bis 15 Uhr.

Rundum liegen **Toys"Я"Us**, **Barnes & Noble** und natürlich der wichtigste Laden überhaupt, **ABC Carpet & Home**, ein Paradies für alle, die Wohnaccessoires und dekorative Einrichtung mögen.

Wenn Sie den Broadway weiter gen Süden laufen, kommen Sie zum **Strand Bookstore** (Seite **85**) mit seinen vielen reduzierten Büchern und dem Comic-Shop **Forbidden Planet** (beide Broadway an der 12th Street). In dieser Ecke liegen auch viele Antiquitätenläden (Seite **189**). Ab der 9th Street sind die Läden so hip, daß Busse voll Japaner haltmachen. Der Name des Stadtteils: SoHo.

🎁 ABC Carpet & Home
888 Broadway an der 19th Street

Wenn ich einen Film über New Yorks beste Läden drehen sollte, wäre dieses Geschäft mein Star. Vor Jahren wurde hier mit Teppichen gehandelt, dann kam Bettwäsche dazu. Mittlerweile inszeniert **ABC** einen kompletten Lifestyle-Look.
Das Erdgeschoß ist ein Reich aller guten Dinge für Heim und Herd, viel Rustikales, viel Eisen, alles kunstvoll drapiert und dekoriert und absolut sehenswert. In den Stockwerken darüber verkauft **ABC** Tapeten, Bettzeug, Stoffe. Und alles zu reellen Preisen.

Lola
2 E. 17th Street

Lola Ehrlich ist für Ihre Hüte berühmt. Ab 150 Dollar sind Sie dabei. Die Modistin fertigt auch auf Maß. Perfekt für einen grandiosen Auftritt in Ascot oder Baden-Baden.

🎁 Fishs Eddy
889 Broadway an der 19th Street

Nehmen Sie mir die Kreditkarte ab, bevor ich hier wieder zuschlage. Ich bin verrückt nach Geschirr und nach diesem Laden. Früher lebte **Fishs Eddy** davon, Geschirr von Restaurants und Hotels auf- und weiterzuverkaufen. Mittlerweile ist dieser Laden im US-Countrystil so populär geworden, daß man dort jetzt neues Porzellan nach den alten Vorbildern fertigt. Die Preise variieren, manches ist günstig, anderes ziemlich teuer. Dafür hat auch nicht jeder eine Porzellanplatte des **Savoy** zu Hause (50 Dollar). Es soll sogar Leute geben, die ihr ganzes Geschirr bei **Fishs Eddy** gekauft und mit nach Deutschland geschleppt haben. Warum auch nicht. Die Plastiktüten sind extrem stabil.

UNION SQUARE GREEN MARKET
14th Street, am Broadway

Auf der Suche nach dem New-York-Feeling? Gehen Sie samstags zum **Union Square Green Market**. Händler verkaufen Grünzeug und selbstgemachten Käse von Farmen auf dem Land, an den Ständen können Sie Wein, Essig, Säfte, Obst, Gemüse, sogar Blumen kaufen. Himmlisch. Obwohl ich nicht glaube, daß es im Himmel so zugeht wie hier an einem Samstag.

Der Markt findet auch noch montags, mittwochs und freitags statt, jeweils von 8 bis 15 Uhr. Im Winter sind es dann allerdings nur einige wenige Stände.

EAST VILLAGE: DIE JUNGEN WILDEN

Die Gegend, die ich East Village nenne, liegt östlich vom Broadway zwischen 14th Street und Houston Street. Viele junge Designer und Künstler nutzen die vergleichsweise niedrigen Mieten, um im Village Läden und Galerien zu eröffnen.

Einkaufen verspricht ungewöhnliche Erfahrungen. Leute mit schwachen Nerven sollten sich lieber andere Ecken aussuchen: Sie gehen hier auf Tuchfühlung mit Bikern in Lederstiefeln und Kids mit grüngefärbten Haaren und Sicherheitsnadeln in der Nase, Studenten von der NYU und Bettlern, die sich mit den Straßenhändlern um die besten Plätze streiten. Nicht besonders fein, aber funkig.

Am besten fangen Sie die Tour an der Ecke von St. Marks und Third Avenue an, der belebtesten Ecke im East Village. Hier drängen sich Restaurants und Läden mit CDs, Büchern, Comics und Klamotten. Falls Ihre Kids – oder Sie selbst – auf hauteng Lederjeans, Micro-Minis und Vinylkleidung stehen, sollten Sie auch bei **Trash und Vaudeville** vorbeischauen.

Sobald Sie die Second Avenue überqueren und weiter Richtung Osten laufen, werden die Billigläden von Stadtresidenzen, hippen Cafés und todschicken Boutiquen abgelöst. Nehmen Sie sich unbedingt die Zeit, die East 9th Street zwischen der Third Avenue und Avenue A entlangzulaufen. Dort bekommen Sie auf einer Meile alle neuen Mode- und Einrichtungstrends zu sehen. Aber erst ab mittags. Vorher ist hier alles ausgestorben.

99X
84 E. 10th Street zwischen 3rd und 4th Avenue

Günstige Szene-Accessoires, schräge Schuhe.

TG 170
309 E. 9th Street

Die heißeste Adresse für Trendbewußte, mit einem Atelier, in dem die jungen wilden Designer ausstellen. Ich bin dafür zu alt.

SOHO: KUNST & WOHNKULTUR

SoHo steht für »South of Houston«. Früher wohnten hier die Hippies. Heute schlagen sich Kunstgalerien mit Trendrestaurants und Boutiquen um die besten Plätze. Zwei Randbezirke sind neu hinzugekommen: Lower Broadway im Norden und die Lafayette Street im Osten.
SoHo gehört zu den einmaligen und extrem lebendigen Vierteln Manhattans, ein Ort zum Shoppen, Ideen-Sammeln, Sehen und Gesehen-Werden. Sie können hier einen Tag verbringen oder auch eine Woche. Und bringen Sie Ihre Kreditkarte mit.
Der Lower Broadway ist ideal, um flotte Wohnaccessoires zu kaufen, etwa bei **Pottery Barn** (600 Broadway an der Houston Street) und **Williams-**

SoHo

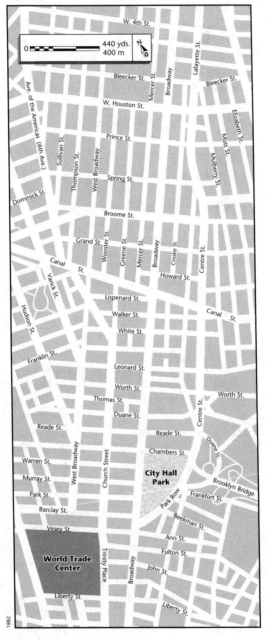

Sonoma Grande Cuisine (580 Broadway an der Houston Street), einem gigantischen Kaufhaus für Küchenutensilien, dessen Repertoire von der Pfanne bis zum Olivenöl reicht, **Williams-Sonoma** konkurriert erfolgreich mit alteingesessenen In-Adressen wie **Portico Bed & Bath** oder **Wolfman Gold & Good**, die mit zum legendären Ruf von SoHo beigetragen haben.

Noch spannender geht es derzeit auf der Lafayette Street zu, wo viele kleine Möbelboutiquen entstehen. Kein Zufall: SoHo verdankt seinen Ruf auch den exzellenten Einrichtungsläden. Modeboutiquen ziehen jetzt nach: **Marc Jacobs** (163 Mercer Street) und **Dolce & Gabbana** (434 W. Broadway) haben gerade Dependancen eröffnet, **Zara** kommt demnächst. Auch die Wooster Street wird spannend, mit einer unglaublichen Auswahl an Stilen und Namen: **Patagonia** (Nr. 101), **Comme des Garçons** (Nr. 118), **Laundry** (Nr. 97) und **Todd Oldham** (Nr. 123).

Um nach SoHo zu gelangen, können Sie verschiedene U-Bahn-Linien nehmen (Seite **30**). Außerdem können Sie zu Fuß von Chelsea oder dem Village herüberlaufen und zuvor noch Ihren Vorrat an Sonnenbrillen- und Füllerimitaten in der Canal Street auffüllen. Vor 11 Uhr läuft in SoHo sowieso nichts.

Armani A/X
568 Broadway

The Gap stand Pate: Bei diesem Laden am Broadway hat **Armani** hemmungslos von den Amis abgekupfert. Draußen locken pompöse Videowände Kunden an. Drinnen erinnert das Interieur an einen Flugzeughangar, mit großen Tonnen für die Kleider. Ansonsten herrschen vor und hinter der Tür Trubel und großes Chaos. Armani-Label sind in New York ziemlich in, vor allem, wenn sie weniger als 100 Dollar kosten.

Harriet Love
412 W. Broadway

Einer der besten Läden für schicke Secondhandsachen und Klamotten im Retrolook. Nicht unbedingt billig.

Morganne Le Fay
151 Spring Street

Ein SoHo-Klassiker. Herrliche Chiffonkleider, auch in Weiß und damit ideal als Hochzeitskleid. Nur die Preise sind nicht zu durchschauen. Manches kostet 180 Dollar, anderes 630 Dollar. Auch auf der Madison.

Yaso
62 Grand Street

Auch das ist SoHo: lässige Kleider in Einheitsgrößen und reizende Hüte. **Yaso** verwendet wunderbare handgewebte Stoffe. Das kostet: Kleider ab 200 Dollar.

Kate's Paperie
561 Broadway
8 W. 13th Street

Mit dieser Papeterie kann kein anderer Laden mithalten. SoHo at its best. Ausgesuchtes Papier, von Hand bedruckt, Notizblocks, Papierspielzeug, Briefpapier, Kunstkrimskrams. Ein wahres Paradies.

LADIES MILE: DAS DISCOUNTPARADIES

Der Name datiert noch aus den Zeiten des Bürgerkriegs, als die ersten Kaufhäuser entstanden und die Damen der Gesellschaft ohne Anstandsdamen ihre Einkäufe erledigen durften. Damals hatten alle wichtigen New Yorker Händler ihre Läden entlang der Sixth Avenue. Dann verfiel diese Gegend, und rund 100 Jahre lang lag zwischen der 14th und 23rd Street eine Einöde mit alten verrotteten Häusern.

Eine Reihe dieser Gebäude ist mittlerweile restauriert und von großen Handelsunternehmen in Beschlag genommen worden. Andere wurden abgerissen und durch Kaufmärkte ersetzt. Viele der neuen Eigner sind im Discountbusineß tätig. **The Gaps** neue Billiglinie **Old Navy** findet sich hier ebenso wie die Discountshops **Filene's Basement** (Damen) und **TJ MAXX** (Herren). Dementsprechend geht es am Wochenende zu.

OLD NAVY
604–12 Avenue of the Americas an der
18th Street

Wenn Sie Gap-Klamotten mögen und nicht warten wollen, bis die Sachen im Schlußverkauf herabgesetzt werden, dann sollten Sie sich bei **Old Navy** umsehen. Die erfolgreiche Zweitlinie von **The Gap** ist rund 30 Prozent billiger als das Original. Und es handelt sich um nagelneue Gap-Basics: T-Shirts, Pullover, Freizeitsachen.

WEST VILLAGE: GEPFLEGTE GAY-GEMEINDE

West Village, Greenwich Village oder The Village: Das Gebiet westlich der Fifth Avenue zwischen 14th und Houston Street läuft unter verschiedenen Namen.

West 8th begeistert vor allem Kids, die zwischen billigen Junk und Jeans in Tattoo- und Piercingläden einlaufen. Rund um die Christopher und West Fourth Street liegt das Schwulen- und Lesbenviertel, und entlang der Bleecker Street reihen sich Antiquitätenläden.

Ich könnte hier tagelang durch Straßen wie die Bank, Perry, Charles, Christopher, West 10th und West 11th laufen. Diese Gegend ist ungeheuer friedlich. Gepflegte Sandsteinhäuser in baumbestandenen Gassen wechseln sich mit geschmackvollen Läden ab, von Antiquitäten über Mode bis zu Kunst. In den vielen Restaurants und Cafés können Sie sich vom Einkaufen erholen. Einfach ein perfekter Stadtteil, um einen Nachmittag lang herumzulaufen, sich zu verlieren und Eindrücke zu sammeln. Falls Sie weniger Zeit haben, genügt auch ein Spaziergang entlang der Bleecker Street für einen ersten Eindruck. Fangen Sie damit an der Kreuzung von Bleecker Street und Sixth Avenue an. Sobald Sie die Siebte überquert haben, gelangen Sie mitten ins Geschehen.

Second Childhood (283 Bleecker Street) ist ein Muß für Liebhaber antiken Spielzeugs. Bei **Village Army Navy** (328 Bleecker Street) deckt sich die Nachbarschaft mit Jeans von **Levi's** und **Lee** ein. Falls Sie auf Secondhand stehen, sollten Sie auch bei **Dorothy's Closet** (335 Bleecker Street) einen Blick hineinwerfen.

MADISON AVENUE / UPTOWN: EDLES AUS EUROPA

Auf der Madison Avenue dürften Sie sich heimisch fühlen: Zwischen der 59th und 79th Street haben die ganzen bekannten europäischen Designer Boutiquen. In Midtown-Höhe (Middle Mad) residieren vor allem US-Boutiquen, und nördlich der 42nd Street gibt's dann ein Herrenausstatter neben dem anderen.

Der Wechsel macht die Straße interessant. Europäischer Flair, kombiniert mit dem Ambiente des alten New York und dem Geruch von Geld. Gerade in der Upper Madison werden viele Boutiquen nur aus Prestigegründen unterhalten. Geld wird woanders verdient.

In die Nachbarschaft der Edelläden ziehen aufstrebende Händler und Designer mit bezahlbarer Mode: **Tahari**, **Nicole Miller**, **Unisa**-Schuhe, **Nine West** und **Crate & Barrel**.

Daneben haben neue Luxusläden aufgemacht: **Calvin Klein** hat an der Madison einen pompösen Prachtbau errichtet, **Bulgari** eine neue Boutique – mit Cafe natürlich – und **Barney's** sein neues Edel-Kaufhaus. Sehr schick: **Shanghai Tang** (667 Madison) aus Hongkong mit Seidenmode in schrillen Farben.

Ralph Lauren
888 Madison Avenue an der 72nd Street
867 Madison Avenue an der 72nd Street

Ganz egal, ob Sie Countryschick mögen: Diese Läden müssen Sie sich ansehen. Und dann ist da noch der neue Laden gegenüber, der sich auf Sportklamotten spezialisiert hat. Beide Shops könnten auch Eintritt verlangen: Ich würde hingehen.

SHEN
1005 Madison Avenue an der 77th Street

Schlichte, figurbetonte Sachen in ausgesuchten Materialien. Nicht gerade preiswert, aber ihren Preis wert. Wenn Sie auf elegante Kleidung stehen, ist das Ihr Laden.

BOYD'S
655 Madison Avenue an der 60th Street

Eine einstige Apotheke, die zu einem Mekka für Make-up, Haaraccessoires und Badeprodukte geworden ist und jetzt von den reichsten Leuten New Yorks frequentiert wird. **Boyd's** bietet seinen Kunden allen erdenklichen Service, unzählige Make-up-Serien und eine Atmosphäre, in der man sich reich und wohlbehütet fühlt. Kein Discounter, aber hierher kommt man auch nicht wegen der Preise.

H_2O PLUS
650 Madison Avenue an der 60th Street

Vieles erinnert an Body Shop, allerdings ist **H_2O** bad- und wasserorientierter: Gel, Shampoo, Badespielzeug für die Kinder etc. Ideale Geschenke für Teenager.

ZITOMER
969 Madison Avenue an der 76th Street

Aus der einstigen Apotheke ist ein Minikaufhaus für Körperpflegeprodukte aus Europa und den USA geworden. Jede Ecke und jeder Winkel sind voller Tiegel und Töpfchen und Make-up-Utensilien. Daneben führt **Zitomer** Modeschmuck, Haaraccessoires und Kaschmirschals. Sehenswert.

Lana Marks
645 Madison Avenue zwischen 59th und 60th Street

Diese Taschen sind nicht für jedermann geeignet. Allein schon wegen der Preise: Das günstigste Modell kostet um die 1000 Dollar. Aber ansehen sollten Sie sich die Kreationen von **Lana Marks** in jedem Fall – auch wegen der Farben.

MIDDLE MADISON AVENUE: DAMENDISCOUNTSHOPS & MÄNNERMODEN

Ich nenne die Madison Avenue zwischen der 57th und der 42nd Street nur Middle Mad. Um die 40th Street haben sich vor allem Herrenausstatter niedergelassen. Hier liegen **Brooks Brothers** (346 Madison Avenue an der 44th Street) und eine Reihe anderer bekannter Geschäfte. Neuerdings hat auch **Joseph A. Banks** einen Laden in Nummer 366 (Ecke 46th Street).

Middle Mad dient auch verschiedenen Kosmetikläden und -salons als Standort (siehe Seite **107**). Sie finden hier eine Filiale des Parfümdiscountshops **Cosmetics Plus**. **Concord Chemists** (425 Madison Avenue an der 49th Street) verkauft Kosmetik und andere Körperpflegeartikel.

Apropos Discountshops: Auch **Daffy's** unterhält hier eine Dependance. Um die Fotoshops sollten Sie lieber einen Bogen machen.

COACH FOR BUSINESS
342 Madison Avenue an der 45th Street

Coach-Fans werden diesen neuen Busineßableger lieben: Gediegene Handtaschen, Geldbörsen, Brieftaschen und andere Lederaccessoires sorgen für den korrekten Busineßauftritt. Das restliche propere Outfit gibt es in den umliegenden Läden.

CROUCH & FITZGERALD
400 Madison Avenue an der 46th Street

Der Name steht für hochklassige Lederwaren: Handtaschen aus Italien (Judith-Leiber-Stil), Koffer der führenden Hersteller (auch **Louis Vuitton**) inklusive einer schönen und praktischen Hausmarke aus Leder und Segeltuch. Der Schlußverkauf im August ist sensationell: Jede Handtasche kostet dann nur noch 69 Dollar.

DAFFY'S
335 Madison Avenue an der 44th Street

Um die Ecke von Central Station gelegen und kleiner als der Megastore auf der Fifth Avenue. Aber auch hier lohnt sich die Suche. **Daffy's** wird von den großen Kaufhäusern beliefert. Zwischendrin hängen reduzierte Designersachen an den Stangen – oft vom letzten Jahr und deshalb extrem preisgünstig.

CARNEGIE HILL: KLEIDSAMES FÜR KINDER

Carnegie Hill ist eine vornehme Wohngegend mit einer hohen Dichte an Privatschulen – und vielen Läden, die Kindersachen verkaufen. Der innovative Kindershop **Penny Whistle** gehört dazu, ebenso **J. McLaughlin**. Beide liegen auf der Upper Madison, oberhalb der 90th Street, und sind nicht billig. Andere Mütter kleiden ihre Sprößlinge lieber in europäischen Boutiquen wie **Jacadi** und **Bonpoint** ein.

Richtung Midtown Manhattan, ab der 86th Street, treten anstelle der europäischen Boutiquen US-Ketten: vom Discountshop **Bolton's** bis zum Küchenparadies **Williams-Sonoma**.

Außerdem beherbergt die Upper Madison eine Reihe von Secondhandläden, oft im ersten Stock gelegen (siehe Seite **126**). Meine Favoriten: **Encore** und **Michael's**.

Adrien Linford
1320 Madison Avenue an der 93rd Street

Großartiger Laden für kleine Geschenke.

L'Occitane
1046 Madison Avenue an der 80th Street

Eine meiner bevorzugten französischen Kosmetikmarken. Sie bekommen hier Parfüms, Seifen, Aromatherapieprodukte aus Frankreichs Süden. Am besten, Sie atmen einmal tief ein und lassen sich verzaubern.

UPPER WEST SIDE: SINGLES & SCHICKIS

Dieses Viertel ist während der Rezession aufgeblüht – sicher auch dank der neuen Nachbarschaft: **Filene's Basement** ist in die Upper West Side gezogen, und **Barnes & Noble**. Shoppen & Sichten heißt dort die Devise: **B&N** ist einer der bekanntesten Treffpunkte für New Yorker Singles.

Am Upper Broadway liegen heutzutage viele Luxusapartments und Trendrestaurants. Zwischen 66th und 85th Street können Sie auch in ein paar normalen Läden einkaufen: **Talbots** (2289 Broadway an der 81st Street), **Ann Taylor** (2017 Broadway), **The Gap** (2109 und 2373 E. Broadway). Bei **Bolton's** (2251 Broadway) und **Filene's Basement** bekommen Damen günstige Designermode. Außerdem hat der Porzellanstore **Fishs Eddy** hier eine Dependance (2176 Broadway).

Die Amsterdam Avenue bekommt erst ab der 70th Street Flair. Dann können Sie in Secondhand- und Antiquitätenläden stöbern, sich in Kunst- und Designshops umsehen, ausgeflippte Kinderklamotten kaufen und in einem der vielen Restaurants und Cafés Pause machen.

Columbus Avenue ist das größte Einkaufszentrum Manhattans. Entlang dieser Straße reiht sich ein Shoppinggigant an den anderen. Am Wochenende ist der Verkehr ein Alptraum. Die meisten Läden machen außerdem erst um 11 Uhr auf.

ALLAN & SUZI INC.
416 Amsterdam Avenue an der 79th Street.

Wenn Sie nach einem auffallenden und doch günstigen Outfit suchen, dann müssen Sie zu **Suzi's**. Diese Edelbörse für Gebrauchtes ist über die Stadtgrenzen hinaus berühmt. Lassen Sie sich dabei nicht von den silberglänzenden Plateauschuhen im

Schaufenster irritieren. Drinnen hängt kaum getragenes Designeroutfit auf den Bügeln. Einiges davon halte ich für zu ausgeflippt, aber bei einem Preisspektrum von 10 bis 8000 Dollar ist garantiert auch für Sie etwas dabei. Allerdings sollten Sie genau wissen, was Sie kaufen. Ich bin hier auch schon auf gefälschte Chanel-Tücher gestoßen.

Rue St. Denis
376 Amsterdam Avenue an der 78th Street

Sehenswerter Secondhandladen, aber kein Muß. Falls Sie in der Gegend sind ...

Charivari
257 Columbus Avenue an der 72nd Street
441 Columbus Avenue an der 81st Street
18 E. 57th Street
1001 Madison Avenue an der 78th Street

Bevor **Barney's** nach Manhattan kam, setzte **Charivari** die Maßstäbe für europäischen Schick. Die Kette besitzt einige Boutiquen in New York. Der »Workshop« an der 81st Street führt neben Avantgardemode die Kollektionen japanischer und englischer Edeldesigner wie **Matsuda**, **Katharine Hamnet** und **Jean-Paul Gaultier**. Schick und extrem teuer. Der Schlußverkauf ist berühmt.

April Cornell
487 Columbus Avenue an der 83rd Street

Cornell gehört sicherlich auf die Liste meiner Top-Ten-Shopping-Favoriten: Eine Oase der Wohnkultur, voller Accessoires, die Sie so noch nicht gesehen haben und ganz bestimmt mögen.
Alles ein Werk von Designer **April Cornell**. Er entwirft Tischdecken und Servietten in satten, leuchtenden Farben und malt darauf wilde Blumen und Blätter. Cornell produziert auch alle möglichen an-

deren Accessoires, sogar Schmuck. Immer erfrischend, bunt, originell und wunderschön. Nicht preiswert, aber seinen Preis wert. Zum Schlußverkauf kostet alles nur noch die Hälfte.

Betsey Johnson
248 Columbus Avenue an der 72nd Street

Ich kenne keine Kids, die nicht auf diese Klamotten abfahren. Diese Kette greift die neuen Trends immer als erste auf: Die Sachen sind modisch, aber nicht zu extravagant und meistens enganliegend – genau wie es Teens mögen. Keine Billigfähnchen: Kleider kosten um die 100 Dollar.

SOUTH STREET SEAPORT: MINI-MALL AM WASSER

South Street Seaport ist rund um den alten Fulten-Street-Fischmarkt gebaut und liegt im Osten der Südspitze Manhattans. Falls Sie wissen wollen, wie erfolgreiche Stadtsanierung aussehen kann, dann sollten Sie sich diese Ecke ansehen.
Das Schiffahrtsmuseum ist sehr interessant, vor allem für Kinder. Rundum liegen drei Gebäude voller Läden, meist Ableger der großen Ladenketten wie **Laura Ashley, Liz Claiborne, Ann Taylor, J. Crew, Brookstone, Abercrombie & Fitch**. An den Restauranttischen und Snackständen tummeln sich mittags die Banker von der Wall Street. Am Wochenende laufen die Touristen ein – und abends nach der Arbeit die Singles.

WALL STREET: BUSINESS-OUTFIT FÜR BANKER

Ich bin kein U-Bahn-Fan. Dennoch fasziniert es mich immer wieder, an der Grand Central Station in die Nummer 4 oder 5 einzusteigen und sieben Minuten später mitten im Finanzdistrikt an der Wall Street auszusteigen.

Nicht, daß ich es hier berauschend finde. Ein paar Ecken erinnern an das alte New York, es gibt ein paar schöne Kirchen, mitunter auch so was wie Atmosphäre. Einige der neuen Wolkenkratzer sind architektonisch interessant.

Einkaufen können Sie bei **Brooks Brothers** (1 Liberty Plaza) oder **Alfred Dunhill** (60 Wall Street). Falls Sie es etwas preisgünstiger lieben: **Syms** hat diverse Filialen in Manhattan. Downtown (42 Trinity Place) ist die Auswahl an Discountklamotten und Koffern für die ganze Familie am größten. Mein Favorit heißt allerdings **Century 21** (Cortlandt 22). Falls Sie nur einen einzigen Discountladen ansteuern wollen, wäre das mein Tip.

LOWER EAST SIDE: SHOPPING NACH DEM SABBAT

Früher waren Sonntage an der Lower East Side ein pures Einkaufsvergnügen. Damals habe ich viel Zeit damit verbracht, die Gegend zu erforschen. Für die jüdischen Händler ist Sonntag ein regulärer Arbeitstag. Dafür schließen die Geschäfte freitags bei Sonnenuntergang – was im Winter bereits um 15 Uhr der Fall sein kann – und bleiben den ganzen Samstag zu.

Heute kann ich Sie nicht mehr guten Gewissens dorthin schicken. Die Lower East Side ist überteuert und überlaufen. Lediglich bei Handtaschen können Sie bis zu 25 Prozent sparen. Auch Geschirr und Silber sind billiger (siehe Seite **182**).

Wenn überhaupt, sollten Sie während der Woche kommen. Sonntags herrscht ein ungeheurer Trubel, die Orchard Street wird für den Verkehr gesperrt und zu einer gigantischen Fußgängerzone. Für alle, die sich sonntags immer über geschlossene Geschäfte ärgern, natürlich ein Traum: Ab 10 Uhr haben alle Läden auf.

Am besten, Sie nehmen die F-Bahn bis zur Delancey Street, die die Orchard Street zentral kreuzt. Die Modegeschäfte ziehen sich von hier aus an beiden Seiten der Orchard Street entlang. Grand Street, wo die ganzen Stoff- und Leinenhändler sitzen, liegt zwei Straßenecken weiter. Und SoHo in nächster Nähe.

Mein Freund Doug geht die Sache anders an: Er fährt lieber eine Haltestelle weiter, bis zum East Broadway, überquert dann die Canal Street, läuft die Essex bis zur Hester (um Gebäck zu kaufen) oder zur Grand (Mixed Pickles) und setzt seine Lower East Side-Tour auf der Orchard Street fort.

Fine & Klein
119 Orchard Street

Fine & Klein ist einer der berühmtesten Läden in diesem Viertel, und Generationen von Frauen kommen regelmäßig hierher. Ich finde es hier lediglich langweilig und habe 20 Minuten gebraucht, um überhaupt eine Tasche zu finden, die mir gefällt. Immerhin: Die **Sharif**-Kollektion ist umfangreich, und wenn Sie zu Saisonbeginn hier vorbeikommen, lohnt die Ersparnis von 20 bis 25 Prozent vielleicht den Trip.

Fine & Klein bestellt sogar Taschen. Die Wände des kleinen Geschäftes sind mit Anzeigen aus Zeitungen und Zeitschriften tapeziert, die die verschiedenen Optionen zeigen.

🎁 KLEIN'S OF MONTICELLO
105 Orchard Street

Der hochklassigste Laden der Lower East Side und eine der besten Adressen in Manhattan. Falls Sie **Barney's** mögen, dann sind Sie hier richtig. Wobei mir unklar ist, wie **Klein's** dort unten überlebt.
Der Laden ist klein und voller todschicker, umwerfender, eleganter, exklusiver, unaufdringlicher Designermodelle, die Schauspielern und anderen Prominenten gut stehen würden. Vieles davon kommt aus Europa, und alles kostet mehrere hundert Dollar. Aber Sie werden so gut aussehen wie nie zuvor in Ihrem Leben.

THE GARMENT CENTER: STOFFE & SCHNEIDER

Im Garment Center, einem Viertel im Westen Manhattans um die 40th Street, hat das Gros der Bekleidungsindustrie seine Ateliers und Büros. Die verschiedenen Sparten verteilen sich über das ganze Gebiet. Am meisten los ist an der Seventh Avenue an der 40th Street, wo überall Kleiderstangen mit brandaktuellen Modellen herumwirbeln. Auch auf dem Broadway, der die Sixth Avenue in Höhe der 34th Street schneidet und dann nahe der Seventh verläuft, liegen Läden. Viele Gebäude haben sogar zwei Eingänge und manchmal sogar zwei Adressen – auf dem Broadway und der Seventh Avenue.
Dieser Modedistrikt ist nicht jedermanns Sache. Leute, die es gerne turbulent haben, finden dieses Viertel ungeheuer spannend: das ganze Hin und Her, das Schreien und Fluchen der Arbeiter, die trü-

ben Arbeitsplätze und die glamourösen Ateliers. Bei anderen verursacht dieses Chaos Kopfweh und Übelkeit.

Manche laufen gerne Samstag durch die Straßen, um die Stimmung aufzusaugen und nach Schnäppchen zu suchen. Die großen Modetempel am Broadway (1407 und 1411) sind dann geschlossen, aber in den kleineren Gebäuden finden Sie Concierges, die Sie nach oben lassen. Versuchen Sie gar nicht erst, sich als Händler auszugeben. Diese Leute sind Profis und erkennen Touristen schon auf zehn Kilometer. Fragen Sie einfach, ob einer der Showrooms samstags offen hat. Dann hängen die Kleider oben offen in den Lobbies aus.

Extratip: **Parsons School of Design** liegt hier um die Ecke. Dort können Sie günstig Modellkleider erstehen (☎ 229 89 00).

NEW YORKER KLASSIKER VON A BIS Z

AMERIKANISCHE DESIGNER

Erst in den letzten Jahren haben die bekannten US-Designer angefangen, ihre Mode im großen Stil unters Volk zu bringen. **Ralph Lauren** machte den Anfang, **Calvin Klein** zog nach und eröffnete im Herbst 1995 einen Laden an der Madison Avenue. Auch **Donna Karan** vertreibt **DKNY** jetzt in einer eigenen Boutique in Manhattan.

Und es gibt einen neuen Shootingstar: **Tommy Hilfiger**. Der kleidet mit seinen farbenfrohen T-Shirt-Basics inzwischen halb Amerika ein. Auf der Beliebtheitsskala der US-Jugendlichen steht **Hilfiger** auf Platz sechs – hinter **Levi's, Nike, The Gap, Reebok, Guess** und vor **Calvin Klein**.

GEOFFREY BEENE
783 Fifth Avenue an der 59th Street

LIZ CLAIBORNE
650 Fifth Avenue an der 52nd Street

MARC JACOBS
163 Mercer Street

CALVIN KLEIN
654 Madison Avenue an der 60th Street

RALPH LAUREN
867 Madison Avenue an der 72nd Street

LEVI STRAUSS
3 E. 57th Street
750 Lexington Avenue an der 60th Street

NIKETOWN
2 E. 57th Street

OSHKOSH B'GOSH
586 Fifth Avenue an der 48th Street

ST. JOHN
665 Fifth Avenue an der 56th Street

BÜCHER

New York ist ein Mekka für Literaturfreunde – wie könnte es anders sein in einer Stadt, die so oft beschrieben wurde und in der jeder zweite als Beruf »Writer« angibt. Wahrscheinlich textet er nur die Aufschriften für Milchtüten.
Buchhandlungen in New York sind vor allem größer als anderswo, die Auswahl ist immens, und es gibt unzählige Sonderangebote. Ein kleiner Geheimtip: Das *New York City Handbook* von Christiane Bird ist der geschichtenreichste und übersichtlichste New-York-Führer.

BORDER'S
5 World Trade Center
(Eingang Ecke Church / Vesey Street)

Ein Buchimperium mit Kaufhausdimensionen und mehreren Filialen. Das Geschäft am World Trade Center hat vier Stockwerke. Hier gibt es alles, übersichtlich sortiert. **Border's** führt auch Schallplatten, und falls Sie schlappmachen ob der erschlagenden Auswahl, sollten Sie im ersten Stock an der Espressobar einen »Latte« trinken und dazu einen der leckeren Brownies probieren. Die Sonderangebote liegen ganz in der Nähe und sind wegen Platzmangels auf dem Fußboden gestapelt. Geöffnet montags bis freitags von 7 bis 20.30 Uhr, samstags 10 bis 20.30 Uhr, sonntags 11 bis 20.30 Uhr.

BARNES & NOBLE
1280 Lexington Avenue, Ecke 86th Street
33 E. 17th Street
1972 Broadway, Ecke 66th Street

BARNES & NOBLE SALES ANNEX
(DISCOUNTSHOP):
128 Fifth Avenue, Ecke 18th Street

Der große Rivale von **Border's** mit einem Megashop am Upper Broadway. Die Auswahl ist genauso riesig, kuschelige Sitzecken laden zum Schmökern ein, und im obersten Stockwerk wartet eine umfangreiche Zeitschriftenabteilung. Direkt daneben liegt die Bar für den Kaffee oder Drink zwischendurch.

Öffnungszeiten:
Broadway: täglich von 9 bis 24 Uhr
33 E.: täglich von 9 bis 23 Uhr
Lexington: täglich von 9 bis 21 Uhr
Sales Shop: Montag bis Freitag von 9.30 bis 19.45 Uhr, Samstag 9.30 bis 18.15 Uhr, sonntags von 11 bis 18 Uhr

STRAND BOOKSTORE
828 Broadway, Ecke 12th Street

Es ist regnerisch, es ist kühl, und Sie haben einen halben Tag Zeit? Gehen Sie zu **Strand** und verlieren Sie sich im »Größten Secondhand-Bookstore der Welt«. Acht Meilen Regale voll mit alten Büchern, wirbt die New Yorker Institution. Im Erdgeschoß stehen Wühltische voller neuer Sonderangebote und eine Regalwand mit Rezensionsexemplaren, die verzweifelte Feuilletonredakteure abladen. Mit etwas Glück finden Sie Bücher aus der *New-York-Times*-Bestsellerliste zum halben Preis. Geöffnet montags bis freitags 9.30 bis 21.30 Uhr, samstags von 9.30 bis 18.30 Uhr, sonntags von 11 bis 18 Uhr.

CD'S

Tower Records
692 Broadway an der 4th Street
721–725 Fifth Avenue (Trump Tower)
22 E. 4th Street (Outlet-Store)

Ein Paradies für Musikfans jeglicher Stilrichtung auf mehreren Stockwerken. Vor allem die Jazz- und Klassikabteilung wird Ihr Herz höher schlagen lassen. **Tower's** hat ständig Sonderangebote, und auch die übrigen Preise liegen weit unter deutschem Niveau.

Virgin Megastore
Times Square

150000 CDs weitläufig auf vier Etagen angeordnet, dazu ein Café für Livekonzerte, ein Kino und das gigantische **Official All Star Café** mit Platz für 850 Leute.

FRISEURE

Ihr gutes Aussehen lassen sich die New Yorker einiges kosten. Sie buchen Tagesaufenthalte in Schönheits-Salons, schwören auf Aromatherapie und lassen sich die Haare von französischen Figaros schneiden.

FREDERIC FEKKAI
15 E. 57th Street, im ersten Stock

Angesagtes Beauty-Center auf mehreren Etagen. Models und Fotografen gehen hier ein und aus, um Kopf und Körper verschönern zu lassen. Für ein Date mit dem Meister sollten Sie lange voraus reservieren (☎ 753 95 00).

VIDAL SASSOON
767 Fifth Avenue, Ecke 58th Street

Früher konnten Kunden ihre Köpfe Lehrlingen kostenlos als Übungsobjekt hinhalten. Vorausgesetzt, sie hatten ein paar Haare auf dem Kopf und waren willig, neue Frisuren zu akzeptieren. Heute kostet der Spaß 12 Dollar. Aber auch das ist für eine Behandlung von angehenden Friseurmeistern praktisch geschenkt. Unter ☎ 535 92 00 erfahren Sie nähere Details. Oder Sie schauen einfach Dienstag, Donnerstag oder Freitag abend bei **Vidal Sassoon** vorbei.

HERRENMODE

Manhattan ist ohne Frage das US-Zentrum für Männermode. Außerdem gehört New York zu den raren Städten, wo selbst Mode- und Einkaufsmuffeln die Augen übergehen, weil es so viele Schnäppchen gibt. Falls Sie also einen neuen Anzug brauchen, bitte mir nach. Männer mit Übergrößen sollten weiterblättern zu Seite **131**. Auch für Sie ist New York die Stadt.

Vielen genügt ja schon ein Besuch bei **Barney's**, dem berühmtesten Herrenausstatter New Yorks. Wer mehr möchte, sollte die Madison Avenue hinunterlaufen. Um die 45th Street ballen sich die Herrenausstatter. Die meisten sind auf konservativen Busineß-Look spezialisiert.

BARNEY'S
2 World Financial Center
660 Madison Avenue an der 60th Street

Im Hauptgeschäft auf der Seventh Avenue können Männer sich von Kopf bis Fuß einkleiden, und das in jeder Preisklasse. Wirklich unglaublich. Der jährliche Ausverkauf bei **Barney's** ist legendär. Änderungen, so das Gerücht, sollte man dann allerdings lieber dem eigenen Schneider überlassen. Der Megashop hat Montag bis Donnerstag bis 21 Uhr offen.

Der Laden im World Financial Center ist klein und äußerst elegant. Geschäftsleute finden hier alles, was sie für einen kurzen Trip benötigen. Das Geschäft auf der Madison Avenue ist im ersten Stock mit dem Hauptgeschäft verbunden.

BERGDORF GOODMAN MEN
745 Fifth Avenue an der 58th Street

Mir ist einfach nicht klar, wovon **Bergdorf Goodman** lebt. Verstehen Sie mich nicht falsch: Dieses Geschäft ist grandios, voller Designermode – aber meist ohne Kunden. Vielleicht sollten Sie die edlen Hallen besser zum Museum ernennen und Eintritt nehmen. Die ultimative Adresse für einen durchschlagenden Auftritt im Geschäft und in der Freizeit, im Schlaf- und im Konferenzzimmer. Hier kauft Tom Woolfes »Master of the Universe«.

BIJAN
699 Fifth Avenue an der 55th Street

Da Sie ohne Termin kaum an dem Türsteher vorbeikommen (hängt von seiner Laune ab), erzähle ich Ihnen, was Sie drinnen erwartet: sehr teure, traditionelle Kleidung, passend für Könige und Scheichs, die auch die typische Bijan-Kundschaft ausmachen. Vor allem der Service macht den Laden speziell. Schließlich fliegt nicht jeder den Anzug in einem Privatjet zur Anprobe ein.

🎁 PAUL STUART
Madison Avenue an der 45th Street

Und Sie dachten bisher, kreativ und konservativ paßt nicht zu ein- und demselben Designer? Dann folgen Sie mir zu **Paul Stuart**, einem traditionellen Herrenausstatter, der auch Damenkleidung führt. Anders als bei **Brooks Brothers** oder **Ralph Lauren**, sind diese Anzüge aber nicht langweilig, sondern haben Pfiff. Viele Stuart-Kunden kaufen deshalb nur dort und nirgendwo anders ein.

HARRISON JAMES
5 W. 54th Street

Lassen Sie sich vom Ambiente nicht einschüchtern. Sicher, die Preise liegen hier sehr hoch, und Sie dürften hier nur auf sehr, sehr wohlhabende Leute treffen. Aber **Harrison James** gehört eben auch zu den besten Adressen für maßgeschneiderte Kleidung und Maßschuhe.

BROOKS BROTHERS
346 Madison Avenue an der 44th Street
1 Liberty Plaza

Eingeweihte erkennen Anzüge von **Brooks Brother** an den eckigen breiten Schultern. In bestimmten Busineßkreisen sind Brooks-Anzüge deshalb zu einer Art Uniform geworden. Ultrakonservativ, immer korrekt: Von diesem Image lebt der Laden. Normale Leute können deshalb mit den Sport- und Freizeitsachen von **Brooks Brothers** meist mehr anfangen. Außerdem führt Brooks Kleidung für Jungs und für Damen, vor allem Büro-Outfit. Ein Besuch lohnt sich vor allem im Schlußverkauf.

Joseph A. Banks
366 Madison Avenue an der 46th Street

Ein Händler aus Boston, der jetzt auch New Yorker Luft schnuppern will. Das Angebot ähnelt dem von Brooks, allerdings sind die Sachen günstiger. Kein großer und bombastischer Laden, aber für konservative Naturen auf der Suche nach traditionellen Anzügen eine lohnende Adresse.

Ascot Chang
7 W. 57th Street

Ascot Chang ist eine Hongkonger Institution. Jetzt hat sein Sohn in New York einen Laden eröffnet. Anhänger maßgefertigter Hemden bekommen dort für 50 Dollar perfekte Maßanfertigungen (in Hongkong sind Sie mit 30 Dollar dabei).
Das Geschäft führt auch reguläre Hemden. Bei Maßhemden können Sie unter 2000 Stoffen wählen. Sonstiges Sortiment: Anzüge, Hosenträger, Krawatten, Tennisklamotten und alles, was in besseren Kreisen fürs propere Outfit noch benötigt wird.

Alfred Dunhill
450 Park Avenue an der 57th Street

Die Anlaufstelle für den Mann, der alles hat, einkaufen haßt und nur an »seinem« Laden einen kurzen Stopp einlegen will, um sich mit Anzügen, Accessoires und Zigarren einzudecken. Fast eine Art privater Club.

Beau Brummel
1113 Madison Avenue an der 83rd Street

Von Queens aus hat **Beau Brummel** erfolgreich den Sprung nach Manhattan geschafft. Brummel ist auf europäische Designer mit schmaleren Schnitten spezialisiert, **Boss**, **Gianfranco Ferre** und andere.

Was nicht paßt, wird an Ort und Stelle von einem Schneider geändert. Geschäftsleute können sich auch einen Termin für den ersten Stock geben lassen, wo sie – falls gewünscht – gleichzeitig essen und shoppen können. Nicht gerade billig, aber sehr exklusiv.

HOCHZEITSKLEIDER

Fahren Sie zum Broadway, Nummer 1375 und 1385, den »Bridal Buildings« im Garment Center. Dort haben viele Modefabrikanten ihre Ateliers, und die meisten verkaufen auch an Endverbraucher. Falls Sie lieber in einem regulären Laden einkaufen, sollten Sie zu **Kleinfeld's** in Brooklyn gehen (Fifth Avenue, 82nd Street, Brooklyn). Das Geschäft ist für seine Hochzeitskleider berühmt. Wenn auch ein gebrauchtes Kleid in Frage kommt, ist **Michael's** die beste Adresse (1041 Madison Avenue an der 77th Street). Diese Edelbörse für Gebrauchtes hat mit die größte Auswahl in ganz Manhattan. Bei **Saks Fifth Avenue** bekommen Sie die ganze Palette an klassischen Modellen – und Ihr Zukünftiger eine Tasse Tee.

Vera Wong
991 Madison Avenue

Hier erstehen die oberen Zehntausend ihre Hochzeitskleider. Am besten, Sie lassen sich vorher einen Termin geben (☎ 628 34 00). Die Verkaufsveranstaltung ist fast so spannend wie Ihre ganze Hochzeit.

INTERNATIONALE DESIGNER

Die meisten Designer besitzen Dependancen in Manhattan. Da sich das Angebot kaum von dem in Mailand oder München unterscheidet, habe ich mich auf die Angabe der Adressen beschränkt.
Falls die eine oder andere darunter nicht mehr stimmt, liegt das am Überangebot an Gewerberaum – insbesondere auf der Madison Avenue –, das Luxusläden dazu verleitet, ständig die Lokalität zu wechseln.

ALMA
820 Madison Avenue an der 69th Street

AQUASCUTUM
714 Madison Avenue an der 63rd Street

ARMANI COUTURE
754 Madison Avenue an der 65th Street

EMPORIO ARMANI
601 Madison Avenue an der 58th Street

ARMANI A/X
568 Broadway an der Prince Street

LAURA ASHLEY
398 Columbus Avenue an der 79th Street

BENETTON
666 Fifth Avenue an der 53rd Street

BALLY
628 Madison Avenue an der 59th Street

LAURA BIAGIOTTI
4 W. 57th Street

Bottega Veneta
635 Madison Avenue an der 60th Street

Burberrys
9 E. 57th Street

Céline
51 E. 57th Street

Chanel
15 E. 57th Street

Diego Della Valle
41 E. 57th Street

Chistian Dior
712 Fifth Avenue an der 55th Street

Dolce & Gabbana
434 West Broadway
825 Madison Avenue

Escada
7 E. 57th Street

Etro
720 Madison Avenue an der 64th Street

Fendi
720 Fifth Avenue an der 56th Street

Louis Feraud
3 W. 56th Street

Salvatore Ferragamo
663 Fifth Avenue an der 54th Street

Gianfranco Ferre
845 Madison Avenue an der 70th Street

Givenchy
954 Madison Avenue an der 75th Street

Internationale Designer

Fogal
680 Madison Avenue an der 61st Street

Romeo Gigli
21 E. 69th Street

Gucci
585 Fifth Avenue an der 54th Street

Goldpfeil
777 Madison Avenue an der 68th Street

Hermès
11 E. 57th Street

Jaeger
818 Madison Avenue an der 69th Street

Kenzo
805 Madison Avenue an der 66th Street

Krizia
769 Madison Avenue an der 67th Street

La Perla
777 Madison Avenue an der 68th Street

Les Copains
801 Madison Avenue an der 67th Street

Guy Laroche
36 E. 57th Street

Liberty of London
630 Fifth Avenue an der 50th Street

Lladró
43 W. 57th Street

Max Mara
813 Madison Avenue an der 68th Street

Missoni
836 Madison Avenue an der 69th Street

Mont Blanc
595 Madison Avenue an der 57th Street

Issey Miyake
992 Madison Avenue an der 77th Street

Prada
45 E. 57th Street
28 E. 70th Street

Emilio Pucci
24 E. 64th Street

Rodier
610 Fifth Avenue an der 51st Street

Yves Saint Laurent
855 Madison Avenue an der 70th Street

Jil Sander
484 Park Avenue an der 56th Street

Emanuel Ungaro
792 Madison Avenue an der 67th Street

Valentino
823 Madison Avenue an der 68th Street

Gianni Versace
647 Fifth Avenue an der 54th Street

Louis Vuitton
49 E. 57th Street

Zara
750 Lexington Avenue an der 59th Street

Ermenegildo Zegna
743 Fifth Avenue an der 57th Street

JEANS

Jedes Kaufhaus führt Denim in allen Größen und Variationen. Doch auch Jeansläden behaupten sich erfolgreich im Geschäft. Kunden finden in solchen Fachgeschäften auch gebrauchte Jeans.

🎁 Original Levi's Store
750 Lexington Avenue an der 60th Street
3 E. 57th Street

Lassen Sie sich von dem Namen nicht beeindrucken: Alle **Levi's**-Läden haben den Zusatz »Original« im Namen. Das Geschäft in der Lexington Avenue, gegenüber von **Bloomingdale's**, ist groß und gut sortiert. Angesagter ist der neue Laden auf der 57th Street. Der Verkaufsraum ist ziemlich eng. Aber die Videos sind cool.

SoHo Jeans
767 Lexington Avenue an der 60th Street
69 W. Houston Street (SoHo)
254 Columbus Avenue an der 71st Street

Übersetzen Sie SoHo mit Secondhand, dann liegen Sie richtig: Das Geschäft hat sich auf hochwertige gebrauchte Levi's 501 spezialisiert und verkauft genau gegenüber vom Levi's-Laden. Für Hosen ohne Macken zahlen Sie rund 50 Dollar, Jeans mit Löchern kosten 40 Dollar.

Canal Jean Co.
504 Broadway (SoHo)

Eine der Kultstätten SoHos, Manhattans, mit einer riesigen Auswahl an Jeans und Freizeitklamotten.

OMG
548 Broadway (SoHo)

Das Geschäft hat etwas von einem Jeanslager, ist aber weitaus modischer. **OMG** besitzt auch einige Filialen Downtown.

REMINISCENSE
74 Fifth Avenue an der 13th Street

Eine der ältesten Adressen für Secondhandsachen, mit besonders billigen gebrauchten **Levi's**.

ALICE UNDERGROUND
380 Columbus Avenue an der 78th Street

Secondhandklamotten für Kids und Sammler. Außerdem verkauft **Alice** gebrauchte Jeans, meist **Levi's** in Blau und Schwarz, für 26 Dollar pro Stück.

KASCHMIR

Die Idee, in einen Laden hineinzugehen und den regulären Preis für einen Kaschmirpullover zu zahlen, käme mir höchstens während eines Ausverkaufs. Oder in einem Discountshop.
Die Sonderangebote von **Lord & Taylor** für 99 Dollar sind nicht schlecht, aber qualitativ nicht mit dem Angebot richtiger Kaschmirläden zu vergleichen. Bei **Malo** (791 Madison Avenue an der 67th Street) oder **Manrico** (804 Madison Avenue an der 67th Street) bekommen Sie erstklassige Qualität aus Schottland, Italien und China. Bei richtiger Pflege hält so ein Pullover dann ein Leben – oder länger. Ich trage noch den Pullover meiner Mutter, der 50 Jahre alt ist.
Übrigens, die beste Zeit, um Ihr gutes Stück zu erstehen, ist – Juli. Denn dann sind die Pullis redu-

ziert, und ein normaler Sterblicher bekommt schon bei dem Gedanken an Kaschmir einen Hitzschlag.

BEST OF SCOTLAND
581 Fifth Avenue an der 48th Street, Penthaus

Die Begriffe Kaschmir und Discount passen eigentlich nicht zusammen. Billig ist Kaschmir sowieso nie, und Sie dürften selten etwas unter 100 Dollar finden. Aber falls Sie gute Qualität suchen, dann ist dieser Laden vergleichsweise günstig.

ALBERENE CASHMERE
435 Fifth Avenue an der 39th Street, im Obergeschoß

Natürlich ist mir klar, daß ein Kaschmircape für 600 Dollar kein Schnäppchen ist. Aber für solche Capes müßten Sie in einer ganzen Reihe von Läden 900 bis 1000 Dollar hinblättern.

KAUFHÄUSER

Kaufhäuser gehören bekanntermaßen nicht zu den Trendsettern des Handels. Von außen gesehen, zählen sie auch weiterhin zu den Konservativen. Doch Kaufhäuser tun mittlerweile einiges, um Kunden bei der Stange zu halten. Deshalb bekommen Sie einige der besten Schnäppchen des ganzen Landes in den berühmtesten Warenhäusern. Niedrigpreise für alles von Leinenlaken bis **Chanel**-Mode. Und ich meine nicht nur Chanel No. 5.
Sie finden hier Einführungs- und Sonderangebote. Ein großes Warenhaus kann zur Perlenkette eine zweite gratis dazugeben (klassische Aktion zum Muttertag). Bei Parfüm und Kosmetik ist das üblich. Extras gibt es an jeder Ecke.
Auch Kaufhäuser müssen von Zeit zu Zeit Waren im großen Stil loswerden. Sie tun das mit der guten al-

ten Methode, die wir am liebsten haben: Schlußverkauf. Doch was passiert mit den Waren, die dabei nicht verkauft wurden? Sie landen nicht im Himmel der Einzelhändler, sondern gehen zurück in die Regale der Kaufhäuser für den nächsten Schlußverkauf – oder in den Laden mit dem Fabrikverkauf.

Genau – Kaufhäuser haben solche Läden. Meistens liegen sie außerhalb von Manhattan, also außer Sichtweite. Allerdings hat **Saks Fifth Avenue** jetzt einen eigenen Laden, **Off-Fifth**, in der City eröffnet, um gegen die Konkurrenz aus Niedrigpreisläden und Discountshops anzugehen. Fein, genau das brauchen wir.

Fragen Sie bei der Information des Kaufhauses nach den Resteecken. Dort landet der Rest vom Schlußverkauf auf dem Wühltisch. Unter reichlich alten oder beschädigten Sachen liegen da mitunter wahre Goldstücke.

Kaufhäuser haben außerdem Restaurants, Make-up-Künstler, Modenschauen, Übersetzer, Versandservice und Einkaufshelfer, die Ihnen eine Auswahl an gewünschten Artikeln zusammenstellen, falls Sie zu beschäftigt sind, um selbst einzukaufen. Diesen Service finden Sie woanders nicht (Seite **33**).

New Yorker Kaufhäuser öffnen um 10 Uhr morgens und schließen um 18 Uhr. An einem Tag der Woche, meist donnerstags, können Sie bis 20 Uhr einkaufen. Alle Kaufhäuser liefern gegen Aufpreis nach Hause oder ins Hotel. Meistens wird dafür **UPS** engagiert. Viele haben eine Gepäckaufbewahrung.

In allen Häusern bekommen Sie kostenloses Geschenkpapier, allerdings von der einfachen Sorte. Aufwendigere Verpackungen kosten extra. Einkaufstüten sind normalerweise umsonst. Lediglich für übergroße Tüten verlangen einige Häuser Geld. Jedes Kaufhaus besitzt außerdem saubere Gästetoiletten.

BARNEY'S
2 World Financial Center
660 Madison Avenue an der 60th Street

Ein Muß. Stellen Sie sich zwei große achtstöckige Kaufhäuser vor, die auf Straßenhöhe miteinander verbunden sind. Sonst verirren Sie sich oder, noch schlimmer, verpassen den halben Laden.

Am spannendsten finde ich jeweils die Abteilung mit Inneneinrichtung, **Chelsea Passage**. Außerdem bin ich jedesmal ganz scharf darauf, die Parfümerie zu besuchen. **Barney's** hauseigener Duft, *Salon de Té*, ist umwerfend. Das Unisex-Eau-de-Toilette kostet um die 50 Dollar und macht sich hervorragend als Geschenk für Freunde, die alles haben.

Überhaupt, die Preise. Alles sieht hier teuer aus, und ein Teil der Sachen ist natürlich sehr teuer. Aber mit etwas Glück und Zeit finden Sie hier auch preiswerte Stücke. Vor allem bei Accessoires stehen die Chancen gut.

Zweimal im Jahr, im Februar und August, hält **Barney's** einen Ausverkauf mit schier unglaublichen Preisen ab. Sie können Ihren Namen auf eine Adressenliste setzen lassen und werden dann per Postkarte vorab benachrichtigt. Viele New Yorker stehen schon im Morgengrauen Schlange, und es lohnt sich (Seite **13**).

Barney's hat außerdem einen grandiosen Fabrikverkaufsladen in **Woodbury Common** (Seite **158**).

Der Madison-Avenue-Shop schließt montags bis freitags um 20 Uhr. Am Samstag ist jeweils von 10 bis 19 Uhr und sonntags von 12 bis 15 Uhr auf.

Die Filiale im World Financial Center ist klein und hat eine geringere Auswahl.

🎁 Henri Bendel
712 Fifth Avenue an der 56th Street

Ich kaufe für mein Leben gern bei **Henri Bendel** ein, schon allein um die anderen Kundinnen zu beobachten. Diese Frauen scheinen alle einem Roman von Rosamund Pilcher entsprungen zu sein.
Bendel führt Wohnaccessoires, Kosmetik und alle wichtigen Modedesigner. Reizvoll: **The Limited Express** testet hier die Akzeptanz seiner neuen Kollektion, und Sie können so echte Einzelstücke erstehen.
Früher war dieses Kaufhaus eine Galerie. Dann fing Herr Bendel an, die umliegenden Immobilien dazuzukaufen. Jetzt zieht sich der Laden über mehrere Stockwerke, mit vielen Ecken und Winkeln. Im Untergeschoß liegt die Damentoilette, eine äußerst elegante Angelegenheit. Eigentlich gehört der Besuch dieser Örtlichkeit in jedes Besucherprogramm.
Öffnungszeiten: Montag bis Samstag von 10 bis 18.30 Uhr, donnerstags bis 20 Uhr, sonntags von 12 bis 18 Uhr.

🎁 Bergdorf Goodman
754 Fifth Avenue an der 58th Street

Bergdorf Goodman Men
745 Fifth Avenue an der 58th Street

Am besten läßt sich **Bergdorf Goodman** als eine Art privater Club für Frauen mit Geld und Geschmack beschreiben, die hier das Outfit für den gepflegten gesellschaftlichen Auftritt kaufen. Ich statte Bergdorf während des Ausverkaufs gerne einen Besuch ab.
Öffnungszeiten: Montag bis Samstag von 10 bis 18 Uhr, donnerstags auch bis 20 Uhr.

BLOOMINGDALE'S
1000 Third Avenue an der 59th Street

Der Ruf dieses Kaufhauses ist legendär. In Anbetracht des gigantischen Warenangebots und der ungeheuren Auswahl hat das sicher auch seine Berechtigung. **Bloomie's** hat für alle etwas, inklusive vieler Souvenirs.

Das Problem: Dieses Überangebot überfordert viele Besucher. Anfangs ist man begeistert, will alles sehen. Aber dann nervt der Laden, und irgendwann stellt man fest, daß man sich verlaufen hat. Das ist der Bloomie-Blues.

Empfehlenswerter sind kleine Dosen. Etwa die Designer-Boutiquen, die ausgezeichnet sind und oft reduzierte Ware im Angebot haben. Ich kaufe hier Kaffee (Southern Pecan). Weil **Bloomingdale's** direkt an einer U-Bahn-Station liegt, ist das Kaufhaus jedenfalls leicht in eine Shoppingtour zu integrieren.

Öffnungszeiten: montags, dienstags, mittwochs und freitags von 10 bis 18.50 Uhr, donnerstags bis 21 Uhr, samstags bis 18 Uhr, sonntags von 12 bis 17 Uhr.

LORD & TAYLOR
424 Fifth Avenue an der 38th Street

Lord & Taylor wirkt wie ein traditionelles, altmodisches kleines Kaufhaus. Eine Art letzter Vertreter einer aussterbenden Rasse. Doch der Eindruck trügt: Um im Geschäft zu bleiben, wirft **Lord & Taylor** mehrmals im Jahr bei »Sales« unglaublich günstige Sachen auf den Markt. Außerdem laufen ständig irgendwelche Promotions- und Sonderverkäufe. Dank dieser Marketingmasche hat sich **Lord & Taylor** erfolgreich als »der« Ort für den Kauf von Damenmode etabliert und gleichzeitig einen Namen als Discountshop gemacht. Manches liegt deshalb bis zu 25 Prozent unter normalen Ladenpreisen. Falls Sie ein spezielles Stück suchen, können

Sie sich von einem »Special Shopper« (Seite **33**) beraten lassen.

Öffnungszeiten: Dienstag bis Samstag von 10 bis 18.30 Uhr, montags bis 20.30 Uhr, sonntags zwischen 12 und 18 Uhr.

MACY'S
Herald Square, Broadway, an der 34th Street

Jedes Mal, wenn ich bei **Macy's** einkaufe, bin ich überwältigt: Frage mich, warum es überhaupt noch andere Kaufhäuser in New York gibt und wie man diese Fülle auch nur ansatzweise überblicken soll. **Macy's** hat einfach alles.

Die Designerabteilung ist ziemlich gut, die Kinderabteilung mit den unzähligen günstigen Kinder- und Teenagerkleidchen hervorragend.

Sehen Sie sich in jedem Fall den Cellar an, das Untergeschoß mit Haushaltwaren und Delikatessen. Bei **Macy's Cellar Grill** sollten Sie den Burger-Lunch probieren. Am besten, Sie kommen früh.

Auch der **Mezzanine-Shop** ist sehenswert. Der Shop des **Metropolitan Museum of Art** (Seite **115**) hat dort eine kleine Dependance.

Öffnungszeiten: montags bis samstags ab 10 Uhr, sonntags ab 11 Uhr. Einkaufen können Sie montags, donnerstags und freitags bis 20.30 Uhr, dienstags, mittwochs, samstags und sonntags bis 19 Uhr.

SAKS FIFTH AVENUE
611 Fifth Avenue an der 50th Street

Gesetzt den Fall, ich habe nur Zeit – oder Lust – zu einem kurzen Einkaufsabstecher, dann ist **Saks** meine erste Wahl: ein Kaufhaus mit viel Glanz, Eleganz und allen neuen Trends. Außerdem liegt **Saks** zentral an der Fifth Avenue. Falls Sie Hilfe benötigen, können Sie kostenlos eine Einkaufshilfe und sogar einen Übersetzer engagieren. Im ersten Stock bekommen Sie Gratisinformationen über New

Yorks Sehenswürdigkeiten. Und das Beste: Die Toiletten (Ladies Room!) sind groß und sauber, mit vielen Ablagen, zig Telefonen und einem Geldwechselautomaten. Fehlt eigentlich nur noch ein Fax. Falls Sie mich suchen ... .

Alternativ könnte ich auch im Café sein – ein wunderbarer Ort. Oder in der Parfümerie-Abteilung, eine der besten Amerikas. **Saks** hat mit vielen großen Parfümproduzenten Verträge, die dem Kaufhaus die Erstvermarktung eines Duftes sichern. Gäste des **Palace Hotels** und des **Drakes** bekommen Prozente.

Öffnungszeiten: montags bis samstags von 10 bis 18.30 Uhr, donnerstags bis 20 Uhr, sonntags läuft der Verkauf zwischen 12 und 18 Uhr.

KINDERKLEIDUNG

Willkommen in einer Stadt, wo Leute problemlos 200 Dollar für ein Paar Kinderschuhe ausgeben. Aber es geht natürlich auch billiger. Alles eine Frage des Geschmacks – und des Geldbeutels.

Umsehen sollten Sie sich in jedem Fall auf der Lower East Side, wo viele günstige Kindersachen zu haben sind (Seite **79**). Außerdem führt die Discountkette **Daffy's** Kindersachen (Seite **153**).

Alle großen Kaufhäuser haben hervorragende Kinderabteilungen. Auch immer mehr Designer legen Kinderlinien auf. Sehen Sie sich bei **Brooks Brothers**, **Talbots** und **Ralph Lauren** um.

The Gap verkauft Kinder- und Babysachen (**GapKids**, 1164 Madison an der 86th Street und **BabyGap** an der 34th Street, Ecke Broadway). **BabyGuess** ist exklusiver, aber noch bezahlbar (775 Madison Avenue, Ecke 67th Street).

Shopping-Dorado für solvente Eltern ist freilich die Madison Avenue. Am oberen Ende, zwischen der 86th und 96th Street, liegen viele Privatschulen. In der Gegend finden Sie deshalb viele Boutiquen, die sich auf jugendliche Kundschaft spezialisiert haben. Oft handelt es sich dabei um Filialen großer Ketten wie **Bonpoint** und **Jacadi** (1269 und 1281 Madison an der 93rd Street) oder **Oilily** (870 Madison, Ecke 74th Street).

Auch weiter unten liegen auf der Madison viele kleine Boutiquen, die ausgefallene (und sehr teure) Stücke für Kinder führen. Sehen Sie sich bei **Au Chat Botte** (1192 Madison Avenue an der 87th Street) den letzten Schrei an. Mittendrin befindet sich übrigens auch ein wunderbarer Secondhandladen, **Second Act** (Seite **129**). Sie bekommen die Sachen hier nicht gerade geschenkt, aber ich habe für meine dreijährige Nichte schon ein paar hübsche Kleidchen zwischen 16 und 18 Dollar gekauft. Außerdem führt der Laden Kleidung für Jungen, Schuhe, Mäntel und Jacken.

Burlington Coat Factory
116 W. 23rd Street

Geschäft in der Ladies Mile mit vielen preisreduzierten Kinderkleidern, darüber hinaus finden Sie hier auch Bekleidung für die ganze Familie.

🎁 Oilily
870 Madison Avenue an der 74th Street

Schwedische Kette mit Filialen auf der ganzen Welt. Die Preise sind hoch. Ich kaufe die bunten Kleidchen mit den fröhlichen Designs für meine Nichte Julie deshalb nur im Schlußverkauf.

OshKosh B'Gosh
586 Fifth Avenue an der 47th Street

In den Staaten sehr populär, mit eigenem Laden auf der Fifth Avenue. Für Europäer dank des Preisunterschieds eine wahre Fundgrube.

MAGIC WINDOWS
1186 Madison Avenue, Ecke 87th Street

Tagsüber tragen die US-Kids Schuluniformen. Abends motzen sie sich dann mit Partykleidern auf. **Magic Windows** ist für solche Bedürfnisse eine passende Anlaufstelle.

GREENSTONES ET CIE
442 Columbus Avenue an der 81st

GREENSTONES TOO
1184 Madison Avenue an der 86th und 87th Street

Greenstones gehört zu den alteingesessenen Fachgeschäften der Upper West Side. Keiner dieser Kinderläden mit Minisortiment und gigantischen Preisen. **Greenstones** hat eine enorme Auswahl an Kinder- und Jugendsachen, vom Kostümchen im Chanel-Stil Gott bis zur Bomberjacke zu reellen Preisen. Sehen Sie sich auch den neuen Laden auf der Madison an.

PENNY WHISTLE
448 Columbus Avenue an der 82nd Street
1283 Madison Avenue an der 91st Street

Kleines, aber feines Spielzeugsortiment aus Europa und Amerika. Manche Stücke sind extrem teuer, andere überraschend preiswert. Außerdem viele nutzlose Nettigkeiten, die sich hervorragend als Geschenk in letzter Minute und / oder zum Ruhigstellen von Kindern eignen.

KOSMETIK

🎁 KIEHL'S
109 Third Avenue an der 13th Street

Drogerie voller Tradition mit genau dem Ambiente, das andere Läden suchen. Die hauseigenen Produkte werden seit 150 Jahren verkauft und dabei immer wieder den Kundenwünschen angepaßt.
Mittlerweile sind die Pflegeprodukte ziemlich in und auch in den Kosmetikabteilungen einiger Kaufhäuser und Drogerien in Manhattan zu finden. Ein hervorragendes Mitbringsel.

🎁 CASWELL-MASSEY
518 Lexington Avenue an der 48th

Altmodische britische Drogerie, die sich mit Toilettenartikeln einen Namen gemacht hat. George Washington hat zwar nicht hier geschlafen, aber er wurde hier rasiert. Oder so ähnlich. Um genau zu sein, er benutzte das hauseigene Rasierwasser, Nr. 6. Daneben führt **Caswell-Massey** Hunderte von Produkten, und besitzt mittlerweile verschiedene Filialen in Manhattan.

CRABTREE & EVELYN
Rockefeller Center, Fifth Avenue an der
50th Street
1310 Madison Avenue an der 87th Street
520 Madison Avenue an der 53rd Street

Eine US-Firma, die es verstanden hat, mit ihrem traditionellen britischen Look ein weltweites Seifen- und Marmeladenimperium aufzubauen.

Cosmetics Plus
515 Madison Avenue, Ecke 53rd Street
666 Fifth Avenue an der 53rd Street
1320 Avenue of the Americas an der 53rd Street
1201 Third Avenue an der 70th Street
175 W. 57th Street

Cosmetics Plus hat in vielen New Yorker Bürovierteln Filialen und versorgt Sekretärinnen und Managerinnen mit Wimperntusche und Strümpfen, einem neuen Lippenstift, dem aktuellen Duft.
Viele Parfüms werden mit einem Discount von 10 bis 15 Prozent verkauft und liegen damit ungefähr auf der Höhe der Duty-Free-Preise.
Unbedingt mitnehmen sollten Sie sich *Skin So Soft*: Dieses Badeöl, das sonst nur über **Avon** vertrieben wird, schreckt alle Arten von Insekten ab. Probieren Sie es aus: Eine kleine Flasche – wohlriechender – Mückenschutz kostet 4 Dollar. Fischer lieben das Zeug.

Boyd's
655 Madison Avenue an der 60th Street

Bei **Cosmetics Plus** bekommen Sie Rabatt, bei **Boyd's** bekommen Sie eine gigantische Auswahl geboten. Fast ein Kaufhaus, vollgepackt mit Körper- und Haarpflegemitteln, Make-up-Serien, und allem anderen, was uns schöner macht. Auch Parfüms.

Alcone
235 W. 19th Street

Hier decken sich Visagisten und Make-up-Artisten mit Schminksachen ein. Da ich aus Los Angeles komme, habe ich für solche Hilfsmittel einen absoluten Faible – nicht nur, um vor der Kamera besser auszusehen, sondern auch, um an schlechten Tagen meinem Teint nachzuhelfen. Solche Schminke finden Sie in keinem Kaufhaus der Welt, und falls Sie sich in Chelsea oder am unteren Ende der Fifth Avenue aufhalten, dann sollten Sie vorbeischauen. Ihr Leben wird sich für immer ändern. Neben der Trish-McEvoy-Serie führt **Alcone** auch **Il-Makiage**, eine israelische Linie, die mittlerweile wegen ihrer phantastischen Farben in bestimmten Kreisen schon Kultstatus hat.

RICKY'S
590 Broadway 44 E. 8th

Kosmetik für Stars, Models, die Reichen und Berühmten: Bei **Ricky's** trifft man sich und kauft Make-up im großen Stil. Meist handelt es sich um graue Ware, Markenprodukte, die über Großhändler unter Preis auf den Mark geworfen werden.

AVEDA
509 Madison Avenue an der 53rd Street
456 W. Broadway (SoHo)

Aveda gehört in den Staaten zu den bekanntesten Aromatherapie-Produzenten, mit diversen Haarcocktails für gefärbtes und Problemhaar. In den Läden können Sie Aromatherapiebehandlungen buchen und ein Geschenk für ihn oder sie erstehen (10 bis 12 Dollar). Auch bei **Henri Bendel**.

ORIGINS NATURAL RESOURCES
402 W. Broadway (SoHo)

Ableger von **Estée Lauder**. Neben Kosmetik, Schönheitsprodukten auf Pflanzenbasis und Aromatherapieanwendungen bekommen Kunden viele einzigartige Pflegeprodukte: *Stress Buffer* ist mein Favorit, den ich auch oft verschenke. Die Make-up-Serie habe ich nie probiert.

Kosmetik

REVLON EMPLOYEE STORE
767 Fifth Avenue an der 58th Street

Die Lauder-Leute haben ihren eigenen Fabrikverkauf im **General Motors Building**. Der Laden für die Angestellten von **Revlon** ist auch für die Allgemeinheit zugänglich, und das Angebot raubt einem schier den Atem. Praktischerweise liegt der Laden genau gegenüber vom Plaza, schräg unter dem Spielzeuggeschäft **FAO Schwarz**. Nehmen Sie den Eingang im Untergeschoß, neben **Vidal Sassoon**, und folgen Sie dem niedrigen Personalgang um ein paar Ecken, bis Sie links zu einer offenen Tür kommen: Dahinter stapeln sich in einem kleinen Raum Produkte von **Revlon** und Revlon-Tochterfirmen.

Obwohl der Laden offiziell nur für Angestellte geöffnet hat, kann jeder bis 16 Uhr hier einkaufen. Und ich hoffe, daß sich das nicht ändert: Die Kosmetik kostet sage und schreibe 50 Prozent weniger als in einem regulären Geschäft.

H_2O PLUS
650 Madison Avenue an der 60th Street

Die kalifornische Firma hat die US-Einkaufszentren im Sturm erobert. Vieles erinnert an **Body Shop**, allerdings ist **H_2O** bad- und wasserorientierter: Man bekommt dort sogar Spielzeug für die Badewanne. Oder für wenig Geld einen Massageschwamm. Ideale Geschenke für Teenager.

MAC
14 Christopher Street
131 Spring Street

Die kanadische Make-up-Serie wird wegen ihrer Haltbarkeit von vielen Models benutzt und gilt deshalb als äußerst schick, eine Art Kultkosmetik. **Bendel's** auf der Fifth Avenue und einige andere

Kosmetikshops haben die Produkte mittlerweile im Angebot. Falls Sie sich in SoHo oder Greenwich Village aufhalten, können Sie natürlich auch einen Abstecher zum MAC-Laden machen.

Naomi Sims
25 E. 17th Street

Erstes Modell, das es mit schwarzer Hautfarbe auf die Titelseiten der Modemagazine schaffte. Eine lebende Legende. *Beautiful Siena* ist ihr Bestseller.

MÄRKTE

Wenn Sie auf exotisches Essen scharf sind, dann sollten Sie die E- oder F-Bahn nehmen und an der Roosevelt Avenue in Jackson Heights aussteigen. Entlang der neuen Büros der **United Nations (UNO)** drängt sich hier auf eineinhalb Kilometern ein Lebensmittelladen an den anderen, von Iren über Filipinos bis zu Kolumbianern und Koreanern. In Manhattan selbst ist »The Spice Neighborhood« ein passabler Ersatz mit vielen italienischen Märkten und verschiedenen Delikatessenläden. Das Viertel liegt an der Ninth Avenue, um die 48th Street. Kein Ort, um das Chanel-Kostüm auszuführen. Hier werden Gewürze und Kaffeebohnen noch aus Leinensäcken abgefüllt.
Außerdem hat Manhattan eine Reihe von wunderbaren Märkten. Den Gemüsemarkt auf dem Union Square würde ich sogar auf meine persönliche Top-Ten-Liste der New Yorker Sehenswürdigkeiten schreiben.

Union Square
Broadway, zwischen 14th und 17th Street

Auf der Suche nach dem New-York-Feeling? Gehen Sie samstags zum Union Square Green Market.

Händler verkaufen Grünzeug und selbstgemachten Käse von Farmen auf dem Land, an den Ständen können Sie Wein, Essig, Säfte, Obst, Gemüse, sogar Blumen kaufen. Himmlisch.

Der Markt findet auch noch montags, mittwochs und freitags statt, jeweils von 8 bis 15 Uhr. Im Winter sind es dann allerdings nur einige wenige Stände.

PS #44
Columbus Avenue an der 77th Street, sonntags

Ein kleiner Platz, wo Früchte, Gebäck, Honig verkauft werden. Nett, aber nichts, wovon Sie daheim erzählen würden.

PS #41
Greenwich Avenue an der Charles Street, samstags und sonntags

Ein Flohmarkt, wo Sie auch Grünzeug finden.

MODESCHMUCK

Fast alle wichtigen Juweliers wurden früher kopiert – um Räuber zu täuschen. Selbst Elizabeth Taylor hat zugegeben, daß sie Straßkopien ihrer Juwelenkollektion besitzt.

Billigem falschen Schmuck sieht man den Preis oft an – das Gold wirkt zu messingfarben, die Steine stumpf, die Verschlüsse plump. Investieren Sie lieber mehr, es zahlt sich aus.

Für eine gut gemachte falsche Kette müssen Sie 300 Dollar anlegen, für schöne Ohrringe zwischen 50 und 100 Dollar. Uhrenimitate sind billiger: Für 26 Dollar finden Sie brauchbare Kopien an jeder Straßenecke. An der Canal Street werden sie sogar für 10 Dollar pro Stück verkauft. Kundige Augen erkennen Fälschungen allerdings, weil sie dicker sind

als die Originale. Auch die Haltbarkeit läßt zu wünschen übrig: Die »Rolex«, die ich einem Freund mitbrachte, zerfiel schon am zweiten Tag in Stücke.
Falls Sie alte oder gebrauchte Uhren suchen, sollten Sie sich bei **Aaron Faber** (666 Fifth Avenue) und im ersten Stock von **Tourneau** umsehen (Madison Avenue an der 53rd Street).

ERWIN PEARL
677 Fifth Avenue an der 54th Street

Erwin Pearl produziert Schmuck im großen Stil – und durchweg nur Imitate. Selbst die Perlen, Spezialität des Unternehmens, sind falsch. Hier können Sie unter Halsketten in Dutzenden von Stilen wählen, mehrreihigen Ketten, gefertigt aus Perlen in verschiedenen Farben, klassisch oder modisch.
Bei dem Gros des Schmucks in diesem Laden, ob Preziosen aus Silber, Emaille oder Perlen, handelt es sich um Kopien. Preislich sind Sie ab 25 Dollar dabei, besondere Stücke kosten mehrere hundert Dollar.

RENEE
1007 Madison Avenue an der 77th Street

Hochklassige Gürtel, Taschen und Schmuck, die nicht von Bulgari- und Van Cleef-Originalen zu unterscheiden sind. Das hat seinen Preis.

GALE GRANT
485 Madison Avenue an der 52nd Street

Meiden Sie diesen Ort zur Mittagszeit, wenn sich halb Manhattan mit schicken Fälschungen eindeckt. Manches glitzert einen Tick zuviel. Dennoch ist das der Ort, wo die Damen der Society erstklassigen Modeschmuck und Imitate kaufen. Tutenchamuns Grab ist nicht halb so reizvoll.

MARIKO OF PALM BEACH
998 Madison Avenue an der 77th Street

Modeschmuck für Hochstapler. Falls Sie Kopien der hochkarätigen Stücke von **Tiffany & Co.** suchen: hereinspaziert. Vielleicht gehören Sie ja auch zu den Frauen, die gefälschte 37 000-Dollar-Anstecknadeln tragen können und damit durchkommen.

 JADED
108 Madison Avenue an der 80th Street

Manhattan besitzt viele Juweliere und noch mehr Modeschmuckfabrikanten. **Jaded** wandelt auf dem schmalen Grat dazwischen: Der Künstler fertigt Designermodeschmuck, halb Imitat, halb eigene Kreation, oft auch im Auftrag großer Modefirmen. Klassiker, wenn Sie mich fragen.
Ohrringe kosten zwischen 60 und 100 Dollar. Dafür bekommen Sie aber auch solide Handarbeit und einmalige Stücke. Der In-Laden für Damen der besseren Kreise, die modisch und doch ausgefallen wirken wollen. Falls Sie nur kurz einen Eindruck von Manhattan und den New Yorkern wollen, ist das kein schlechter Ort.

MUSEUMSSHOPPING

New York besitzt eine Reihe hochklassiger Museen, samt wundervoller Museumsshops: ideale Anlaufstellen für Souvenirs, ungewöhnliche Geschenke und Postkarten.
Wer dem Kaufrausch verfällt, sollte sich vorab nach den Jahresgebühren für eine Museumsmitgliedschaft erkundigen. Die liegen um die 25 Dollar. Aber dafür bekommen Mitglieder auf alle Artikel des Museumsshops 10 bis 25 Prozent Rabatt.

AMERICAN MUSEUM OF NATURAL HISTORY
Central Park West an der 79th Street

Das Museum hat verschiedene Läden, auf zwei Etagen, mit unterschiedlichem Sortiment. Einer der Shops hat sich auf Abenteuerreisen spezialisiert.

COOPER-HEWITT MUSEUM
2 E. 91st Street

Design-Oase in einer Villa in Uptown Manhattan. Das Museum ist mini, die Kollektion gleichwohl absolut sehenswert. Auch der Museumsshop, der sich auf dekorative Stücke konzentriert, lohnt einen Besuch: Bücher, Postkarten, Tassen, Schmuck und ausgefallene Einzelstücke. Montags Ruhetag.

METROPOLITAN MUSEUM OF ART
Fifth Avenue an der 82nd Street

Zweigstellen:

The Cloisters in Fort Tyron Park
Rockefeller Plaza, 15 W. 49th Street
Macy's, Herald Square, 151 W. 34th Street
New York Public Library, 445 Fifth Avenue an der 40th Street

Shopping, shopping, shopping. Die Kollektion ist riesig, das Angebot des Mueumsladens auch. Die Bücher sind einmalig, der Schmuck herrlich, außerdem führen sie wunderbare Postkarten.
Montags hat der Museumsshop zu. Dann können Sie auf die Filialen ausweichen: den Miniableger im Kaufhaus **Macy's** und die riesige, mehrstöckige Dependance im Rockefeller Center.
New-York-Freaks shoppen zuerst bei **Saks**, laufen dann zum Rockefeller Center und enden schließlich im gigantischen Museumsshop. Die Sachen sind edel, die Preise reell. Auch für Kinder.

Museumsshopping

MUSEUM OF MODERN ART
11 W. 53rd Street

Ein riesiger Laden im Erdgeschoß, der sich bis in den Keller zieht. Kunstposter, Kalender, Karten. Vor Weihnachten keine schlechte Adresse.

THE MOMA DESIGN STORE
44 W. 53rd Street

Ein Muß für Moma-Fans, voller verspielter Wohnaccessoires. Ideal, um für schwierige Kandidaten ein dekoratives Geschenk zu erstehen. Die meisten Sachen sehen teurer aus, als sie es sind.

CHILDREN'S MUSEUM OF MANHATTAN
212 W. 83rd Street

Die Stadt bekommt ein neues Museum und den zugehörigen Museumsshop. Viele kleine Spielsachen, preislich im Rahmen. Highlight vor Weihnachten und Kindergeburtstagen.

WHITNEY MUSEUM OF AMERICAN ART
943 und 945 Madison Avenue an der 75th Street

Ein Laden liegt im Museum, der andere daneben. Gut für moderne, ausgefallene Geschenke.

GUGGENHEIM MUSEUM
Fifth Avenue, Ecke 89th
575 Broadway (SoHo)

Museumsshop und Geschenkeecke im Obergeschoß, beides ziemlich einfallslos. Der Ableger in SoHo ist besser geraten. Und der Teesalon dort – alle Achtung (Seite **51**).

NEW YORK TRANSIT MUSEUM
Main Concourse, Grand Central Terminal

Vielleicht die beste Adresse für kitschige New-York-Mitbringsel. T-Shirts mit einem Aufdruck des U-Bahn-Netzes, Vorlegeplatten, die wie U-Bahn-Münzen aussehen, etc.

Online-Tip
http://www.moma.org
Das Museum of Modern Art im Netz: mit Bildern, Informationen über Künstler und Werke – und der Option, Bücher und Kataloge online zu bestellen.

PELZE

Pelze sind nicht jedermanns Sache. Pelzträger wurden viel und oft kritisiert. Mittlerweile sind Pelze wieder gesellschaftsfähig geworden. Und falls Sie einen kaufen wollen: New York ist eine Stadt, wo sich das wirklich lohnt.

Halten Sie sich dabei immer vor Augen, daß billige Pelze, vor allem diese billigen Nerzmäntel und die Sonderangebote für 995 Dollar, die in Ausverkäufen verramscht werden, aus dem Orient stammen. In puncto Qualität trennen solche Cheapies und einen Pelz aus Europa oder Amerika Welten: Profis erkennen das an den Krägen und am zu engen Armeinsatz.

Ich kaufe deshalb nur bei guten Kürschnern. Und dort zahlt man für einen Nerz etwas mehr als 995 Dollar.

Echte Schnäppchen bei Pelzen sehen anders aus: etwa, wenn Sie in einem der Top-Kaufhäuser einen 10 000-Dollar-Mantel im Ausverkauf für 5500 Dollar bekommen. Siehe **Leonard Kahn** oder **Leslie Goldin**.

Nerz ist meiner Meinung nach der ideale Pelz. Nerz paßt sich jedem Stil an und hält lange. Außerdem ist der Pelz leicht. Langhaarpelze sind schwerer und eignen sich kaum für den täglichen Gebrauch.

Die meisten Leute denken bei Nerzmänteln an Schwarz und Braun. Das war einmal. Der neue Trend heißt Farbe. Knallige Farben. Satte dunkle Farben. Phantastisch.

Falls Sie traditionellen Nerz kaufen, sehen Sie sich das Fell genau an. Wenn die Haare hochstehen, lang oder grob sind, werden sie ausfallen. Prüfen Sie auch das Futter. Es muß dicht und dick sein. Ein guter Nerz ist praktisch nicht kaputtzukriegen. Rollen Sie den Mantel zu einer Kugel und sehen Sie sich danach an, ob die Haare wieder in ihre Form zurückspringen. Andernfalls sollten Sie schleunigst von diesem Kauf zurücktreten.

Gebrauchte Pelze sollten Sie wirklich nur mit äußerster Vorsicht kaufen. Sie wissen nie, wie alt der Mantel ist und wie er behandelt wurde. Pelz verliert in den ersten Jahren am meisten Wert, weil dann die Haut austrocknet. Das wahre Alter läßt sich nur bestimmen, indem Sie die Nähte auftrennen lassen und einen Kürschner zu Rate ziehen.

Billiger Pelz sieht gut aus, bis Sie ihn neben einen teuren Pelz halten. Qualität sieht man. Falls Sie sich ein teures Stück leisten können, dann sollten Sie das tun, und Sie werden es nie bereuen. Einen teuren Nerz können Sie ohne Probleme 10 bis 20 Jahre tragen, und er wird die ersten zehn Jahre so gut wie neu aussehen. Für höchste Qualität wird übrigens stets das Fell von weiblichen Tieren verwendet, weil es leichter ist und sich besser trägt.

Obwohl sich im Pelzviertel ein halbes Dutzend Kürschner niedergelassen haben, beschränke ich mich auf zwei Adressen: Beide fertigen in ihren Ateliers absolute Spitzenware. Die Kunden wissen das und kommen hierher, um zu kaufen. Nur hereinkommen, kurz umsehen und dann wieder gehen schickt sich nicht. Falls Sie einen Nerz für 2500 Dollar suchen, sind Sie hier sowieso falsch. Aber falls Ihnen ein wirklich edler Mantel in der

Preisklasse zwischen 5500 und 7500 Dollar vorschwebt, finden Sie hier schnell gute Freunde.

GOLDIN-FELDMAN
345 Seventh Avenue an der 29th Street, 12. Stock

Eine verläßliche Quelle für modische Pelzmäntel. **Goldin-Feldman** fertigt für viele bekannte Designer Pelze. Sie können sich jederzeit im Laden beraten lassen. Leslie Goldwin weiß so viel über Pelze, daß sie darüber ein Buch geschrieben hat. Sie können fertige Stücke von der Stange kaufen oder sich einen Pelz nach Maß fertigen lassen. Und Sie müssen natürlich nichts kaufen, aber der Vorsatz sollte zumindest vorhanden sein.

LEONARD KAHN
345 Seventh Avenue an der 30th Street, 20. Stock

Falls Ihnen der Name bekannt vorkommt, könnte das an der Verwandtschaft liegen: Ben Kahn gehört zu den berühmtesten Kürschnern der Welt. Leonard ist sein Neffe.
Auch Leonard betreibt das Geschäft schon seit Jahrzehnten. Allerdings hat er sich jetzt nebenbei auf eine ganz neue Facette des Pelzhandels spezialisiert, und die Ergebnisse sind ungewöhnlich und wirklich scharf: Zusammen mit dem Designer Bob Mackie und verschiedenen italienischen Kreativen fertigt Leonard Nerzmäntel und -jacken in einem Reigen von herrlichen Farben. Zudem Kaschmir- und Gabardinemäntel mit Nerzbesatz und eine immense Auswahl an Pelzmänteln, die auf den ersten Blick nicht zu haarig aussehen und damit auch noch als politisch korrekt durchgehen.
Ich selbst stehe zu meinem altmodischen Nerz und liebe ihn über alles.
Bei Leonard können Sie fertige Stücke kaufen, ihren eigenen Pelz entwerfen oder mit Hilfe von Leonards Designern einen Pelz schneidern lassen, der

paßt und Sie wie eine Wolke umhüllt. Leonard hat meine Mäntel geschneidert und die meiner Mutter und meiner Schwester, und das seit Jahrzehnten, und wenn ich es mir recht überlege, dann kenne ich Leonard länger als meinen eigenen Mann.

Ein maßgefertigter Nerz kostet rund 8000 bis 10 000 Dollar. Ein Mantel von der Stange ist günstiger. Und eine Jacke kostet noch mal weniger. Für einen Kaschmirmantel im Trenchcoat-Stil mit Nerzkragen und Manschetten zahlen Sie rund 3500 Dollar.

Zu den großen Vorzügen von Leonard gehört seine Fähigkeit, altmodische und alte Pelze aufzupeppen: Ich habe ihm gerade meinen alten Nerz vorbeigebracht und als Futter eines Microfaser-Regenmantels mit Pelzkragen und Manschetten zurückbekommen.

Am besten, Sie kommen im Januar während des Ausverkaufs. Und rufen Sie vorher an (☎ 5 64 17 35).

SCHMUCK

Schmuckkauf ist Vertrauenssache, in New York genauso wie in jeder anderen Stadt der Welt. Die großen, eleganten Juweliere verdanken ihre Existenz sicher nicht dem unwiderstehlichen Design ihres Schmucks. Vielmehr verspricht ein guter Name Vertrauenswürdigkeit, und das seit Jahrzehnten, womöglich sogar Jahrhunderten.

Die Geschichte vom bislang unbescholtenen, 50jährigen Juwelier, der wegen des Verkaufs von falschen Smaragden im Kittchen gelandet ist, kursiert seit Jahren. Ich halte das für eine Ausnahme. Die großen New Yorker Juweliere sind absolut integer. Und deshalb empfehle ich sie Ihnen. Sicherlich, Sie zahlen dort mehr als anderswo, aber Sie bekommen auch etwas sehr Wertvolles dafür: Verläßlichkeit.

Dieser immaterielle Wert macht sich bei einem

Wiederverkauf bezahlt: Schmuck von **Tiffany**, **Cartier**, **Harry Winston** ist immer eine gute Investition, weil Sie ihn jederzeit verkaufen können – ganz gleich, wie alt ihre Preziosen sind. Manche Schmuckstücke gewinnen sogar im Lauf der Jahre an Wert.

Mein alter Freund Hans Stern, ein Juwelier mit internationaler Reputation, hat es mir einmal so erklärt: »Schmuckkauf bei einem guten Juwelier ähnelt dem Kauf eines Gemäldes. Man zahlt für die Qualität und für den Namen des Künstlers.« Es gibt Leute, die Bilder kaufen, weil Sie ihnen gefallen und sich über den Wert keine Gedanken machen. Andere wählen Bilder nach dem Wertsteigerungspotential und dem Namen des Künstlers aus und lassen sich dabei von Galeristen beraten. Alles Einstellungssache.

Natürlich können Sie auch im Juweliersdistrikt kaufen. Auf der 47th Street zwischen Fifth und Sixth Avenue liegt ein Laden neben dem anderen, und Sie finden dort sicherlich herrliche Dinge, und das für weniger Geld als bei **Van Cleef**. Dennoch sind mir solche Geschäfte zu riskant: Schmuck- und Juwelenpreise sind wenig transparent. Wer sich nicht auskennt, wird deshalb ausgenommen. Man verkauft Ihnen gefärbte Steine als besten Deal der Welt. Keine Katastrophe, aber auch nicht das, was Sie sich vorgestellt haben. Clevere Juweliere wissen immer, was Sie tun. Ich nicht.

Nehmen Sie das als Warnung mit auf den Weg. Wenn Sie Spaß haben wollen, dann sind Sie im Juweliersdistrikt richtig. Falls Sie auf Nummer Sicher gehen wollen, rate ich Ihnen zu **Cartier & Co.**

Schwellenangst ist unangebracht. Sie müssen nicht unbedingt zehn Riesen aus der Tasche ziehen, um dort als Kunde willkommen zu sein. Sie finden dort Kleinigkeiten für 50 Dollar und viel für 500 Dollar. Wie man Sie behandelt, hängt von ihrem Outfit und Ihrem Auftreten ab. Geschäfte wie **Tiffany's** sind stolz darauf, trotz ihres berühmten Namens auch für Leute wie Sie und mich dazusein. **Tiffany & Co.** führt Schmuck aus Sterling-Silber mit preiswerteren Steinen. Das sieht klasse aus und ist außerdem erschwinglich. Sonst finden Sie diese Art des Schmucks nur noch in ein paar kleinen Boutiquen.

BULGARI
730 Fifth Avenue an der 57th Street
783 Madison Avenue an der 67th Street

CARTIER
653 Fifth Avenue an der 52nd Street

H. STERN
654 Fifth Avenue an der 52nd Street

TIFFANY & CO.
727 Fifth Avenue an der 57th Street

VAN CLEEF & ARPELS
744 Fifth Avenue an der 57th Street

HARRY WINSTON
718 Fifth Avenue an der 56th Street

FORTUNOFF
681 Fifth Avenue an der 54th Street

Was auch immer Sie wollen – **Fortunoff** hat es. Perlen, Diamanten, Gold, teuer und weniger teuer, Silber als Schmuck und für den Tisch, selbst einige moderne, hochmodische Stücke. Sonst ist das Design brav, zu brav für meinen Geschmack. Irgendwie fehlen diesem Laden die Klasse und das Niveau. Aber viele Leute kaufen hier gerne ein, weil es günstig ist.
Wenn Sie billigere Perlen suchen oder Ohrringe, schlichte, goldene Ohrringe, Ketten, Tafelsilber, dann sind Sie bei **Fortunoff** richtig. Swatchaholics finden hier eine große Sammlung von Swatch-Uhren.

Und falls Sie sich durch das Diamantenviertel gearbeitet haben, dann sollten Sie hier noch einmal Papier und Bleistift zur Hand nehmen und Preise vergleichen. Ich war schon einmal drauf und dran, ein Paar Ohrringe bei einem No-Name-Juwelier aus dem Juwelenviertel für 750 Dollar zu kaufen, und hielt das für ein gutes Geschäft. Dann entdeckte ich ein ähnliches Paar bei **Fortunoff** für 550 Dollar. Ein Gegencheck, der sich gelohnt hat.

SCHUHE

Schuhe sind in New York extrem wichtig. Wenn Sie einen Laden, ein Restaurant oder ein Büro betreten, dann gilt der erste Blick der New Yorker Ihrer Handtasche und Ihren Schuhen. Sie können deshalb problemlos schicke, aber preiswerte Kleidung tragen, solange Sie sich eine erstklassige Tasche unter den Arm klemmen. Zweitwichtigstes Utensil: gute Schuhe. Die Investition zahlt sich auch bei Vorstellungsgesprächen aus.

Die meisten großen Kaufhäuser haben zwei oder auch mehrere Schuhabteilungen – eine für die billigen und eine für die teuren Treter – und diverse Winkel, wo sie die Taschen und Gürtel der unterschiedlichsten Designer verkaufen.

An der Lower East Side ballen sich Discount-Schuhläden, diese Ecke ist deshalb nicht jedermanns Sache. Neben Ladenhütern aus der letzten Saison stehen aktuelle Modelle, die im Preis reduziert wurden. Auch auf der Madison finden Sie ein paar günstige Adressen wie:

NINE WEST
711 Madison Avenue an der 62nd Street

UNISA
701 Madison Avenue an der 61st Street

Galo
504 Madison Avenue an der 54th Street

Galo-Discounter Edna
821 Lexington Avenue an der 62nd Street

Sacha of London
294 Columbus Avenue an der 75th Street

Viele berühmte Produzenten unterhalten in New York Filialen. Alle räumen im Schlußverkauf unglaubliche Rabatte ein. Ich kenne Frauen, die nur deswegen nach New York fliegen. Ich habe es einmal geschafft, den **Ferragamo**-Ausverkauf bei **Saks** mitzunehmen und ein Paar Schuhe für 74 Dollar. So macht Einkaufen Spaß. Die wichtigsten Adressen:

Manolo Blahnik
15 W. 55th Street

Patrick Cox
702 Madison Avenue an der 61st Street

Bruno Magli
543 Madison Avenue an der 54th Street

Diego della Valle
41 E. 57th Street

Fendi
720 Fifth Avenue an der 56th Street

Ferragamo
663 Fifth Avenue an der 53rd Street

Gucci
685 Fifth Avenue an der 54th Street

HERMÈS
11 E. 57th Street

STÉPHANE KELIAN
702 Madison Avenue, 62nd Street

LONGCHAMP
457 Madison Avenue an der 51st Street

PRADA
45 E. 57th Street
28 E. 70th Street
724 Fifth Street

WALTER STEIGER
739 Madison Avenue an der 64th Street

LOUIS VUITTON
51 E. 57th Street
21 E. 57th Street

STUART WETZMAN
625 Madison Avenue an der 60th Street

Abgesehen von den klassischen Schuhen, können Sie in New York auch ausgefallenes Schuhwerk erstehen. Etwa bei:

CHRISTIAN LABOUTIN
30 E. 67th Street

Der Liebling der Pariser hat in Manhattan ein winziges Atelier aufgemacht, wo er seine wilden und witzigen Werke ausstellt.

SUSAN BENNIS / WARREN EDWARDS
22 W. 57th Street

Susan und Warren produzieren Kunstwerke für 500 Dollar pro Paar. Im Schlußverkauf wird der Laden sogar richtig voll.

BELGIAN SHOES
60 E. 56th Street

In gewissen Kreisen ein Statussymbol. Die handgefertigten Mokassins sind jedenfalls unglaublich bequem und allein schon deshalb ihren Preis wert. Mit Blau, Weiß und Schwarz liegen Sie immer richtig.

SECONDHAND

Die Secondhandläden Manhattans sind ein ganz spezielles Kapitel mit eigenen Regeln und Regularien, Insidern und Geheimnissen. Und alle behaupten, daß ihre Waren modisch und allenfalls ein Jahr oder (meistens) zwei Jahre alt sind. Ich habe da meine Zweifel: Wie kommt es, daß in diesen Läden so viele **Adolfo**-Anzüge hängen? **Adolfo** ist seit mehr als zwei Jahren geschlossen. Vorsicht ist nie verkehrt, meine Lieben.

DESIGNER RESALE
324 E. 81st Street

Ein kleiner Laden mit ein paar Designerstücken. Einige Kleider sind brandneu. Achten Sie auf farbige Etikettierung des Preisschilds: Das bringt an der Kasse einen Abschlag. Ich erinnere mich noch an den Rock von **Donna Karan**, der mir eigentlich nicht paßte und 55 Dollar kosten sollte. Viel zuviel für einen Rock, der nicht richtig paßt. An der Kasse dann: halber Preis. Fragen Sie also nach! Geöffnet ist Montag, Dienstag, Mittwoch und Freitag von 11 bis 19 Uhr, Donnerstag von 11 bis 20 Uhr, Samstag von 10 bis 18 Uhr, Sonntag von 12 bis 17 Uhr. Auf der anderen Straßenseite gibt es die Abteilung für Männer.

A Second Chance
1133 Lexington Avenue an der 78th Street, 2F

Sachen von mehr oder weniger bekannten Designern. Geöffnet ab 11 Uhr, Sonntag ab 12 Uhr.

Antique Boutique
712 Broadway an der 3rd Street

Secondhandquelle für Kids. Sogar ich habe hier schon gekauft. Samstags können Sie bis 24 Uhr das Outfit für die Szenetour zusammenstellen.

Allan & Suzi Inc.
416 Amsterdam Avenue an der 79th Street.

Wenn Sie nach einem auffallenden und doch günstigen Outfit suchen, dann müssen Sie zu **Suzi's**. Diese Edelbörse für Gebrauchtes ist über die Stadtgrenzen hinaus berühmt. Lassen Sie sich dabei nicht von den silberglänzenden Plateauschuhen im Schaufenster irritieren. Drinnen hängt kaum getragenes Designeroutfit auf den Bügeln. Einiges davon halte ich für zu ausgeflippt, aber bei einem Preisspektrum von 10 bis 8000 Dollar ist garantiert auch für Sie etwas dabei. Allerdings sollten Sie genau wissen, was Sie kaufen. Ich bin hier auch schon auf gefälschte Chanel-Tücher gestoßen.

Transfer
220 E. 60th Street

Eines der Shopping-Geheimnisse von New York. **Transfer** spezialisiert sich auf gebrauchte Modelle und Muster, die von den Laufstegen oder aus Fotosessions stammen – ebenso wie auf Abgelegtes von Prominenten. Die Auswahl ist allerdings gering, und das meiste ist eher etwas für Kleine und Dünne. Ich fand ein Kate-Moss-Modell, das **Chanel** für sie produziert hat.

Da der Laden bequemerweise nahe **Bloomie's** und den meisten East Side-Läden liegt, können Sie ja mal reinschauen und gucken, ob Sie das große Los ziehen. Ein paar Männersachen gibt es auch.

ENCORE
1132 Madison Avenue an der 84th Street, 2F

Eine meiner regelmäßigen Anlaufstellen, mit Casual- und Designersachen. Soll ich Ihnen mal etwas über das Stück von **Yves Saint Laurent** Rive Gauche für 90 Dollar erzählen? **Encore** hat schöne Kleider, ein paar Schuhe und Handtaschen und viel **Chanel**. Sie finden dort immer einige Chanel-Kostüme, die von 750 Dollar auf 500 Dollar runtergesetzt sind. Das ist günstig: Der übliche Preis für ein neues Chanel-Kostüm liegt bei 4500 Dollar.

MICHAEL RESALE
1041 Madison Avenue an der 80th Street, 2F

Michael's ist nicht weit weg von **Encore**, so daß Sie beide auf einem Weg besuchen können. Sie finden hier **Chanel & Co.** und eine Menge von den guten alten Sachen der großen Designer, die niemals aus der Mode kommen werden. In der oberen Etage verkauft **Michael's** auch Hochzeitskleider.

RENATE
217 E. 83rd Street

Renate führt viele gute Designer aus Europa. Die Preise sind hoch.

PRETTY PLUS
1309 Madison Avenue an der 92nd Street

Secondhandshop, der sich auf große Größen spezialisiert hat. Liegt in der zweiten Etage.

■ SECOND ACT CHILDREN'S WEAR
1046 Madison Avenue an der 81st Street

Trendladen für Kindersachen an der Madison Avenue, in der Nähe der anderen großen Secondhandshops. **Second Act** ist vollgepackt mit Jungen- und Mädchenkleidung in allen Größen. Eine Wand voll mit Partyschuhen. Ein Regal mit Regenjacken. Außerdem Spielzeug und ein paar Schwangerschaftskleider. Nichts für Leute mit Platzangst.

SHOPPINGZENTREN

Richtig große Shopping-Malls finden Sie nicht in Manhattan. Hier müssen Sie sich mit ein paar Stockwerken voller Läden in einem Bürogebäude begnügen, so wie **The Market** am **Citicorp-Gebäude** oder **The Atrium** im **Trump Tower**. Beide finde ich langweilig. Mein Favorit ist mittlerweile das **Rockefeller Plaza**.

THE TRUMP TOWER ATRIUM
725 Fifth Avenue an der 56th Street

Das Problem des gold glänzenden **Trump Tower** ist, daß jeder ihn sehen will. So schieben sich täglich Unmengen von Leuten die Rolltreppen hinauf und hinunter, bestaunen den Wasserfall an der Wand des Atriumbaus, den Marmor. Rundum ziehen sich Läden, viele davon in der Luxuskategorie wie **Asprey**, der Londoner Edelausstatter. Donald Trump hat sich mittlerweile anderen Abenteuern zugewandt, aber sein Luxusturm bringt ihm noch immer Profit.

575
575 Fifth Avenue an der 47th Street

Der Trump Tower für Arme liegt etwas weiter südlich an der Fifth Avenue. Mit einer Filiale von **Ann Taylor**.

ROCKEFELLER CENTER / ROCKEFELLER PLAZA
30 Rockefeller Plaza, Fifth Avenue an der 50th Street

An regnerischen Tagen können Sich sich in dieser Gegend im Untergrund wunderbar durchschlagen. Die weitverzweigten Gänge haben etwas von einem Dorf. Neben Schnellimbissen und einigen netteren Restaurants (**American Festival Café** und **Sea Grill**) beherbergt der Untergrund Lebensmittel- und Geschenkeshops, Minikaufhäuser, Zeitungskioske (mit großer Auswahl) und viele Dienstleistungsunternehmen: Banken, Reisebüros, **Federal Express**, eine Post und einen Schuhputzservice.
Ebenerdig führt im Winter eine winzige Einkaufsstraße zu dem riesigen Christbaum und dem Eislauf-Parcours. **Nikon House** repariert und reinigt ganzjährig die meisten Apparate. Das **Metropolitan Museum of Art** unterhält einen Geschenkeladen. Um die Ecke, in einer Ministraße mit dem Namen Rockefeller Plaza, hat sich der Delikatessenimbiß **Dean & Deluca** angesiedelt, wo Sie einen Kaffee und Snacks bekommen. Falls Sie einem Freund ein Souvenir mitbringen wollen, bekommen Sie dort für 10 Dollar einen D&D-Kaffeepot. Oder Sie nehmen bei **Brookstone** eine dieser netten technischen Spielereien mit.

PIER 17 PAVILLION
South Street Seaport

Dieses Einkaufszentrum ist Teil des Seaport-Komplexes, und wenn Sie hier herumspazieren, werden Sie es wahrscheinlich von ganz allein entdecken.

Andererseits, wenn sich hier zuviel Leute tummeln, könnte Ihnen vielleicht entgehen, daß entlang dem Wasser noch ein zusätzliches Gebäude liegt – ein richtiges Einkaufszentrum mit Rolltreppen und vielen Filialen bekannter Ketten: **Banana Republic, The Sharper Image, The Limited, The Limited Express, Foot Locker** usw.

SONDERGRÖSSEN

Sondergrößen sind in New York, wo die unterschiedlichsten ethnischen Gruppen leben, kein Problem. Die meisten Kaufhäuser legen Wert darauf, auch kleine (petite) und große Größen (plus size oder Misses) perfekt ausstatten zu können. Viele Designer, Händler und Boutiquen helfen Ihnen gerne, eine elegante Garderobe zusammenzustellen, ganz gleich, wie klein oder groß Sie sind.

Falls Sie samstags in der Stadt sind oder sich als Großhändler ausweisen können, können Sie es in den Ausstellungsräumen auf der Seventh Avenue, Hausnummer 498, versuchen, wo man auf Übergrößen spezialisiert ist.

Marken wie **Anne Klein, Liz Claiborne** oder **Ann Taylor** verkaufen Über- oder Untergrößen meist in ihren Fabrikverkaufsläden. **Bill Blass** schneidert – als einziger Designer – alle Modelle bis Größe 44. Außerdem bleibt Ihnen immer noch die Option, nach Maß fertigen zu lassen.

 AVENUE
711 Third Avenue an der 46th Street

Nach den Limited- und Expreßläden ist das Modeunternehmen jetzt mit **Avenue** auf den Markt gekommen: günstige, schicke Mode in Übergrößen. Bei **Avenue** kleiden sich mollige New Yorkerinnen mit Jeans, Klamotten fürs Büro, Accessoires und Dessous ein. Allein schon deshalb lohnt sich der New-York-Besuch.

Sondergrößen

Forgotten Woman
60 W. 49th Street

California Dreaming: Gehen Sie zu **Forgotten Woman** in der Lexington Avenue. Sie bekommen dort Kaffee an einer Bar, können Musik hören und sich im Geschäft umsehen. Die Kette führt Alltagsmode, auch einige elegantere Stücke, ab Größe 42, und viele davon haben Designer eigens für **Forgotten Woman** entworfen. Der Laden im Rockefeller Center hat weniger Flair, ist aber größer und einfacher zu erreichen.

Forman's
78 Orchard Street (Übergrößen)
82 Orchard Street (Übergrößen)
94 Orchard Street (Petites)

Es gibt drei **Forman's**. Das sollte Sie nicht verwirren, sondern freuen. Freuen, weil **Forman's** einer der wenigen Discountshops ist, die sich um Sondergrößen kümmern. Es gibt das Hauptgeschäft, eine Filiale für große Größen und einen Laden für kleine Größen. In besonderen Angebotsregalen im Hauptgeschäft können Sie Sonderposten kaufen. Hochklassige Stücke sind hier meist um 20 Prozent billiger als anderswo. Am besten, Sie kommen sofort nach dem Hotel-Check-In vorbei.

Pretty Plus
1309 Madison Avenue an der 92nd Street

Secondhandshop, der sich auf große Größen spezialisiert hat. Liegt in der zweiten Etage.

Plus Nine
11 E. 57th Street

Falls Sie wie ich auf großem Fuß leben, dann kann Ihnen vielleicht **Plus Nine** weiterhelfen. Das

Schuhgeschäft liegt im ersten Stock, genau über **Hermès**, und Sie müssen klingeln, um eingelassen zu werden. Die Auswahl an hochklassigen Markenschuhen für Damen ist groß, die Preise entsprechend hoch. Im Schlußverkauf wird es billiger. Außerdem führt der Laden Schuhe, die er nach ihren Wünschen einfärbt. Ab Größe 40.

🎁 BARNEY'S
660 Madison Avenue an der 60th Street

Barney's hat alles, und Männermode in allen Größen. Versuchen Sie es deshalb zuerst dort, insbesondere während des berühmten Ausverkaufs. Eventuelle Änderungen können Sie im Laden vornehmen lassen.

ROCHESTER BIG & TALL
1301 Avenue of the Americas an der 52nd Street

Rochester führt qualitativ hochwertige und gutgeschnittene Markenkleidung in großen Größen. Ich muß allerdings sagen, daß ich die Preise schockierend finde und es vorziehe, die Anzüge meines Mannes von unserem Schneider in Hongkong fertigen zu lassen.

SPIELZEUG

FAO SCHWARZ
767 Fifth Avenue an der 58th Street

Das Geschäft liegt im Gebäude von General Motors, in einem ehemaligen Ausstellungsraum für Autos, und führt Spielzeug für jeden Geschmack und Geldbeutel: von Barbiepuppen über Spielzeugtiere in Lebensgröße bis zu Mini-Ferraris mit Fernbedienung, die soviel kosten wie die monatliche Leasingrate für einen straßentauglichen Flitzer.

Ich sehe mich für mein Leben gern hier um. **FAO Schwarz** ist ein unterhaltsamer, innovativer, bunter und sympathischer Laden, und das schätze ich hoch ein – vor allem bei diesen Preisen. Jedes einzelne Stück finden Sie ganz bestimmt irgendwo anders billiger, aber falls Sie alles auf einem Fleck wollen, dann sind Sie hier richtig.

Wenn Sie es ganz eilig haben, können Sie bestimmte Geschenke gleich fix und fertig verpackt kaufen. Dazu suchen Sie sich im Laden das Original aus, an der Kasse bekommen Sie dann das verpackte Doppel überreicht.

Ein Besuch bei **FAO Schwarz** gehört für mich – und andere – zu einem gelungenen New-York-Aufenthalt. Vor Weihnachten gleicht dieser Laden deshalb einem Zoo.

The Sharper Image
4 W. 57th Street

Sie wollen Ihren Mann und die Kinder loswerden? Nehmen Sie sie mit zu **The Sharper Image** und laden Sie sie bei den Technikspielereien ab. Ausstellungsstücke können Sie auf den Dienstagsauktionen billiger bekommen.

Hammacher Schlemmer
147 E. 57th Street

Ein Spielzeuggeschäft für Erwachsene mit Elektrospielereien und sonstigem Schnickschnack. Manches hier ist sehr teuer, andere Gimmicks sind fast geschenkt.

SPORT

Ich habe hier nur Spezialisten aufgeführt. Läden wie **Niketown** oder **Speedo** verfügen über zahlreiche Filialen und ein Standardsortiment. Allerdings sollten Sie sich den **Niketown Palast** in der 2 East 57th Street ansehen:

PARAGON
867 Broadway an der 18th Street

Ein Sportsupermarkt, der in der Nähe des Union Square und damit mitten in der Trendgegend Lower Broadway liegt. Am besten, Sie nehmen Ihre große Sporttasche mit, um alle Einkäufe unterzubringen.

AL LIEBER WORLD OF GOLF
147 E. 47th Street (zwischen Lexington und Third Avenue)

Paradies für Golffans mit günstigen Preisen. Das Geschäft führt alle wichtigen Marken.

EASTERN MOUNTAIN SPORTS
611 Broadway (SoHo), 20 W. 61st Street

Der Outdoor-Spezialist führt modische Ski-, Camping- oder Wanderausrüstung. Große Auswahl, gutes Preis-Leistungs-Verhältnis.

HUNTING WORLD
16 E. 53rd Street

Falls Sie jagen und Jagden für einen Sport halten, ist Ihnen wahrscheinlich auch **Hunting World** ein Begriff. Der Laden ist ziemlich touristisch, und die Preise sind zu hoch. Aber für eine Grundausstattung zur Safari noch bestens geeignet.

SPORTS AUTHORITY
401 Seventh Avenue an der 33rd Street

Der Laden gegenüber der Penn Station mit einer großen Auswahl an Sportsachen. Nichts besonders Schickes, aber dafür alles zu vernünftigen Preisen.

ORVIS
355 Madison Avenue an der 43rd Street

Orvis hat alles für Angler, von der Ausrüstung bis zu Accessoires und Präsenten. Außerdem das richtige Outfit für ein Wochenende auf dem Land.

STOFFE & CO.

Ein Abstecher in die 40th Street, 200 West, empfiehlt sich nur bei guten Nerven. Rund um die **Parsons School of Design** reiht sich ein Stoffladen an den nächsten. Am bekanntesten ist **B&J Fabrics.** Sie schaffen es gar nicht bis zum Garment Center? Dann bleiben Sie getrost auf der 57th. Auch dort bekommen Sie feine Stöffchen.

PARON
206 W. 40th Street
855 Lexington Avenue an der 64th Street

Paron gehört zu den zwei Discountläden auf der 57th und hat sich auf Designerstoffe und bekannte Firmen spezialisiert. Die Auswahl ist groß, empfehlenswert sind vor allem die einfarbigen Woll- und Strickstoffe. Ein ordentlicher, moderner Laden mit Ablegern im Garment Center und Uptown.
Im »Salon« im ersten Stock lagern die reduzierten Stoffe.

Poli
132 W. 57th Street

Poli hat elegantere Stoffe als **Paron**, auch eine größere Auswahl an Mustern. Der Laden wirkt allerdings ziemlich chaotisch, Stoffballen liegen kreuz und quer. Lassen Sie sich davon nicht abschrecken: Stoffe von bekannten Firmen und Designern sind hier oft billig zu haben.

B&J Fabrics
263 W. 40th Street

Falls es ein Leben nach dem Tod gibt, dann bitte als Stoffballen bei **B&J**. Dann könnte ich den ganzen Tag hier herumliegen und den jungen Modedesignern lauschen.
Der Laden hat drei Stockwerke, alles voll mit Stoffen. Hier ist der Ort, wo Sie den echten Chanel-Stoff bekommen, für 62 Dollar pro Yard (90 Zentimeter). Wenn Sie nicht soviel investieren wollen: Der Laden hat eine enorme Auswahl, und mit einem Blick für Stoffe werden Sie sicher fündig. Rabatt ab 12 Yards.
Die amerikanische Zeitgeistprophetin Martha Stewart ist hier Stammkundin.

Tender Buttons
143 E. 62nd Street

Falls Sie Knöpfe brauchen oder Manschettenknöpfe, dann können Sie sich in diesem kleinen, herrlichen Laden den ganzen Tag aufhalten. Die Preise sind hoch. Dafür bekommen Sie hier alle möglichen Knöpfe, auch im Chanel-Stil (allerdings keine Imitate). Echte Chanel-Knöpfe bekommen Sie am ehesten bei Chanel-Boutiquen ersetzt.

Stoffe & Co.

HYMAN HENDLER
67 W. 38th Street

Bänder für Haare, Kleider, Geschenke. Bänder, so elegant, ungewöhnlich, teuer, daß ich mir einfach nicht vorstellen kann, wer hier kauft. Der Laden erinnert an ein Museum, und die Farben, Qualität, die Auswahl machen einen verrückt. Sie finden auf dieser Straße auch noch andere, günstigere Läden, die Bänder verkaufen, aber **Hyman Hendler** übertrifft alle.

Ich habe mir kürzlich für meine Hüte zwei Stück à 1,50 Meter aus französischer Seide gekauft. Der Preis? 60 Dollar. Unglaublich – und wunderschön.

SWATCHES

AARON FABER
666 Fifth Avenue an der 53rd Street

Berühmt für alte Uhren und Swatches. Hier können Sie sich über aktuelle Trends und sämtliche Modelle informieren. Die Preise sind hoch, aber dafür hat **Aaron Faber** einen tadellosen Ruf.

SWATCH
500 Fifth Avenue an der 42nd Street

Ja, die Jungs aus der Schweiz haben ihren eigenen Miniladen auf der Fifth Avenue aufgemacht. Warum ausgerechnet dort, bleibt ihr Geheimnis, denn der Laden ist nicht größer als ein Schließfach. Das Personal kennt sich jedenfalls aus, und Sie müssen nicht befürchten, übers Ohr gehauen zu werden. Dafür werden neue Modelle manchmal nur im Paket abgegeben. Für alte Uhren gibt es bessere Adressen.

Macy's
Herald Square, Broadway an der 34th Street

Das Kaufhaus ist für seine Swatch-Sammlung berühmt. Ehrlich.

SZENESHOPPING

Ein schwieriges Kapitel: Läden, die heute angesagt sind, gelten morgen als out – und machen dicht. Deswegen nenne ich hier nur ein paar Anlaufstellen. Besser: Sie besorgen sich aktuelle Informationen über »Time Out« und das Internet.

Canal Jean Co.
504 Broadway, zwischen Spring und Broome Street

Canal Jean Co. hält sich seit Jahren: ein riesiger Laden für bequeme Klamotten. Sie finden dort vor allem Jeans, aber auch Streetwear und Army-Klamotten.

Urban Outfitters
628 Broadway, an der Bleecker Street
127 E. an der 59th Street
374 Sixth Avenue (Waverly Place)

Hippe, junge, hochklassige Sportswear. Eigene Marke und einige Designer. Daneben führt die Kette auch Accessoires für Bad und Büro.

Anna Sui
113 Greene Street zwischen Prince und Spring Street

Die Trenddesignerin **Anna Sui** verkauft junge, hippe Mode, die sich gut trägt und noch bezahlbar ist.

Diesel
770 Lexington Avenue
(gegenüber Bloomingdale's)

Clubwear im **Fiorucci**-Stil. Angenehmer Laden mit Cafébar und vielen Zeitschriften.

Hotel Venus
382 West Broadway
(zwischen Broome und Spring Street)

Ausgefallene und extreme Frauensachen. Von Schuhen bis Perücken der 60er und 70er Jahre.

Anthropologie
375 W. Broadway zwischen Spring und Broome Street

Lifestyle-Warenhaus, das zum Imperium von **Urban Outfitters** gehört.

Odyssey
659 Broadway an der Bleecker Street

Laden mit Clubatmosphäre und allen Stilen: Techno, Hip-Hop, Acid Jazz, Grunge und Doc Martens.

Stüssy
104 Prince Street, zwischen Mercer und Greene Street

Kultlinie aus Kalifornien. Der Grunge-Look für Surfer und Snowboarder. Der Name wird mitbezahlt.

Online-Tip

http://www.urbanaccess.com
Gezielt nach Avantgardeklamotten suchen. Adresse, Öffnungszeiten, Kurzbeschreibung.

TASCHEN

Falls Sie nach einer günstigen Handtasche suchen, werden Sie am ehesten in den Kaufhäusern fündig. Die meisten Kaufhäuser verkaufen Handtaschen, Gürtel, Lederwaren und Accessoires im Erdgeschoß, und viele haben herrliche Handtaschen. Etwa bei **Bendel's** und **Bergdorf's**, zu gehobenen Preisen. **Barney's** führt stets den aktuellen Look, und wenn Sie die Hausmarke kaufen, kommen Sie günstig weg. **Saks** und **Bloomie's** haben die größte Auswahl – auch in puncto Preise.

Die Täschchen von europäischen Edelmarken wie **Bottega Veneta**, **Ferragamo**, **Gucci** etc. sind nur im Schlußverkauf bezahlbar.

Daneben finden Sie in Manhattan eine Reihe von Läden, die »American Classics« verkaufen, wie **Coach** (595 Madison Avenue an der 57th Street und 710 Madison Avenue an der 63rd Street), **Dooney & Bourke** (759 Madison Avenue an der 65th Street).

Auf der Lower East Side werben Geschäfte mit Rabatten für Designertaschen (Seite **79**). Ich shoppe lieber im Schlußverkauf Uptown.

J. S. SUAREZ
450 Park Avenue an der 56th Street

Es war einmal eine Frau, die dringend eine vorzeigbare Handtasche brauchte und völlig schockiert feststellen mußte, daß ein derartiger Wunsch nicht unter 500 Dollar zu realisieren ist. Der Schlußverkauf war längst vorbei, und damit auch die Zeit der Sonderangebote.

Einen Tag lang suchte ich daraufhin sämtliche Taschenverkäufer in Manhattan ab und wurde bei **Suarez** fündig: eine große, wunderschöne Ledertasche im **Kelly**-Stil für 375 Dollar.

Suarez ist eine Art Edeldiscountshop. Ein kleiner eleganter Laden, der Qualitätsware verkauft, und das zu hohen Preisen. Allerdings zahlen Sie dort immer weniger als in allen anderen Geschäften. Eine der geheimen Quellen von Manhattan, und bequem zwischen Museums- und Kaufhausbesuch gelegen.

Einige Linien, darunter **Desmo**, kauft **Suarez** billig ab Fabrik. Andere, so sagt man, läßt **Suarez** in den gleichen Fabriken arbeiten wie die großen italienischen Designer: Rucksäcke im **Gucci**-Stil, und Modelle, die an **Hermès**, **Fendi** und **Bottega Veneta** erinnern. Doch die Taschen tragen keine der großen bekannten Etiketten und kosten deshalb nur einen Bruchteil. Ein Muß, wenn Sie mich fragen.

Tiffany & Co.
727 Fifth Avenue an der 57th Street

New Yorker Klassiker, nicht nur für die oberen Zehntausend. Die Palette reicht vom luxuriösen Abendtäschchen für tausend Dollar bis zur Lederumhängetasche für 200 Dollar. Auch schöne Lederaccessoires.

Lederer
613 Madison Avenue an der 58th Street

Lederer läßt in Italien Kopien der teuren Handtaschen fertigen. Ansonsten bekommen Sie hier feste Schuhe, (überteuerte) Kaschmirpullover und Barbourjacken.

TEENS

Wenn Kids shoppen gehen, dann ziehen sie es vor, unter ihresgleichen zu bleiben. Das West Village, vor allem West 8th Street, empfiehlt sich als Einstieg. SoHo ist anspruchsvoller.

Was Teenager suchen? Secondhandzeug und Jeans, topmodische, billige Fummel, und viele Accessoires, inklusive diverser Trendtreter.

BETSEY JOHNSON
248 Columbus Avenue an der 72nd Street

Ich habe noch nie einen Teenager kennengelernt, der nicht auf diese Klamotten abfährt. Diese Kette greift die neuen Trends immer als erste auf: Die Sachen sind modisch, aber nicht zu extravagant und meistens enganliegend – genau wie es Teenager mögen. Keine Billig-Fähnchen: Kleider kosten um die 100 Dollar.

OFF CAMPUS
1137 Madison Avenue an der 85th Street

Boxershorts, Sweatshirts und Souvenirs der US-Colleges und Universitäten. Alles Originalzeug und deswegen ziemlich teuer.

ANTIQUE BOUTIQUE
712 Broadway an der 3rd Street

Secondhandquelle für Teens und Twens. Sogar ich habe hier schon gekauft. Samstags können Sie bis 24 Uhr das Outfit für die Szenetour zusammenstellen.

ALICE UNDERGROUND
380 Columbus Avenue an der 78th Street
481 Broadway (SoHo)

Ideal für Secondhandzeug und Jeans.

US-KETTEN

Viele Modeimperien besitzen Filialen in ganz Manhattan. Ich habe hier nur die Hauptgeschäfte aufgeführt. Am besten, Sie sehen im Telefonbuch nach – oder fragen den Hotelportier –, welches Geschäft für Sie am günstigsten liegt.

BANANA REPUBLIC
655 Fifth Avenue an der 52nd Street

Ralph Lauren für Arme: Mit diesem neuen Image lebt die Gap-Marke **Banana Republic** nicht schlecht. Propere Mode im Ralph-Lauren-/Polo-Stil, aber billiger. Der Laden auf der Madison Avenue ist groß und gut sortiert. Jüngster Neuzugang: das Geschäft auf der Fifth Avenue. Toll.

EDDI BAUER
600 Madison Avenue an der 59th Street

Kein Mensch hätte je gedacht, daß mit Freizeitkleidung in Manhattan ein Geschäft zu machen ist. Bis **Eddie Bauer** kam. Mittlerweile besitzt das Unternehmen mehrere Filialen und verkauft den New Yorkern auch konservatives Büro-Outfit, Koffer, Geschenke, sogar Möbel.

EILEEN FISHER
103 Fifth Avenue an der 23rd Street
521 Madison Avenue
1039 Madison Avenue
341 Columbus Avenue
314 E. 9th Street
214 W. 39th Street

Eileen Fisher besitzt einige Boutiquen in den besten New Yorker Shopping-Distrikten. Die Designerin fertigt tragbaren Schick mit japanischem Einschlag in schönen Farben. Reinschlüpfen und wohl fühlen lautet die Devise: Stoffe und Farben sorgen für den modischen Look. Sagenhaft günstig im Schlußverkauf.

THE GAP
1164 Madison Avenue an der 86th Street
527 Madison Avenue an der 54th Street
89 South Street (South Street Seaport)
22 W. 34th Street
250 W. 57th Street
604–12 Avenue of the Americas an der 18th Street (**Old Navy**)

Modefabrik mit unzähligen Filialen in Manhattan. Im Vergleich zu Europa sind die Preise geradezu sensationell. Weil **The Gap** an schnellem Absatz interessiert ist, finden außerdem regelmäßig Sonderverkäufe statt.

Das Sortiment ist nicht in allen Filialen identisch. Ich habe einmal fünf Läden nach einem speziellen orangefarbenen T-Shirt abgesucht (ideal für Mexiko) und fand es schließlich auf der East 23rd Street (zwischen Park und Lexington). Angeblich landet dort alles, was im Ausverkauf übriggeblieben ist.

ANN TAYLOR
645 Madison Avenue an der 60th Street

Auf der Suche nach dem soliden Karriere-Outfit? In Ann Taylors neuem Hauptgeschäft können Sie sich mit Busineßklamotten eindecken. Außerdem führt die Kette Legeres fürs Wochenende, Accessoires, Schuhe und unter dem Namen »Destinations« eine eigene Bad- und Kosmetikserie.

THE LIMITED EXPRESS
10 W. 57th Street

Mode für Teens und Twens, die auch Mütter begeistert. Günstig und schwungvoll, mit Flair. Außerdem verkauft die Kette Badeschaum, Badesalz usw. Meine Lieblingsfiliale liegt direkt an der Fifth Avenue und ist an der Flagge vor dem Haus zu erkennen.

COUNTRY ROAD
335 Madison Avenue an der 44th Street
411 W. Broadway

Mode von **Down Under**, deren Profil irgendwo zwischen **The Gap** und **Dries van Noten** liegt. Die Schnitte sind modisch, in dezenten Farben. Ideal, um die Grundgarderobe zu ergänzen. Ich kaufe hier gerne ein.

TALBOTS
525 Madison Avenue an der 54th Street
2989 Broadway an der 81st Street

Falls Sie sich gerne konservativ kleiden: Das ist Ihr Laden. Früher verkaufte Talbots nur per Versandkatalog. Jetzt besitzt das Unternehmen Dependancen in ganz Amerika und Japan. Europäische Boutiquen sollen folgen. Einige Filialen führen Kinderkleidung.

VICTORIA'S SECRET
34 E. 57th Street

Bekannte Dessous-Marke mit verschiedenen Dependencen in New York. Der Laden an der 57th liegt zentral und ist gut sortiert.

NEW YORKER DISCOUNTSHOPS

New York ist voll mit Discountgeschäften: Einige sind von außen als solche erkennbar, andere eher versteckt. Den ersten Discountshop auf der Fifth Avenue, **Korvettes**, werden Sie vielleicht nicht mehr kennengelernt haben. Die neue Generation von **Kmart** bis **Filene's Basement** ist noch viel reizvoller – wir haben etwas von jedem auf den nächsten Seiten.

Früher haben Discountshops einen großen Bogen um Manhattan gemacht: die hohen Mieten, die vielen Kaufhäuser und verwöhnten Kunden. Jetzt sind es die einzigen Geschäfte, die richtig florieren, expandieren und es sich leisten können, nach New York zu ziehen. Und sie kommen in Scharen.

Denken Sie daran: Sie können billiger kaufen – oder billiges Zeug. Qualität ist aber das wichtigste, sonst ist ein Schnäppchen kein Schnäppchen. Ich will Teures zu niedrigen, sehr niedrigen Preisen. Sie doch auch, oder?

Lassen Sie uns zuerst zwei Begriffe definieren: den Unterschied zwischen einem Discountshop und einem Laden mit preisreduzierter Ware.

- Discountshops verkaufen zum Teil Markenware, zum Teil Eigenmarken mit 20 bis 25 Prozent Rabatt auf den Ladenpreis.
- Läden mit preisreduzierter Ware bieten gelegentlich aktuelle und modische Ware an, spezialisieren sich aber meist auf ältere Sachen mit höherem Rabatt. **Filene's Basement**, **TJ Maxx** und **Daffy's** gehören zu der Kategorie. Sie sind oft

kleiner und weniger schön als die Discountshops, können aber auch so groß sein wie ein Kaufhaus – und ebenso aufwendig gestaltet. Waren Sie schon mal bei **Century 21**? Der Laden in Manhattan ist fast wie ein Kaufhaus.

- **Loehmann's** macht im Prinzip beides und bildet somit eine eigene Kategorie – es gibt Gerüchte, daß viele Hersteller eigens für **Loehmann's** produzieren, genauso wie sie das für ihren eigenen Fabrikverkauf tun. Aber Sie wissen jetzt, wie es funktioniert.

Für den Besuch dieser ganzen Läden gelten spezielle Regeln:
- Achten Sie auf Mängel und Schäden.
- Informieren Sie sich, ob Sie das Gekaufte auch wieder zurückgeben können.
- Probieren Sie Kleidungsstücke an; die tatsächliche Größe kann von der angegebenen abweichen.
- Wenn Sie einen Laden einer Kette besuchen, dann können Sie davon ausgehen, daß eine andere Filiale ein etwas anderes Sortiment hat; je besser die Postleitzahl, desto besser ist die Auswahl.
- Rechnen Sie mit Massenumkleideräumen und eher primitiver Ausstattung.
- Wundern Sie sich nicht, wenn Sicherheitsleute Ihre Handtasche und/oder Einkaufstüten überprüfen wollen. In diesen Läden sind die Sicherheitsvorkehrungen oft ziemlich streng.

Discountläden müssen nicht immer und überall billig sein. Gehen Sie erst einmal durch ein Kaufhaus, bevor Sie einen Discounter besuchen. Bei einigen bekannten Discountshops (die hier auch genannt sind) sah ich die gleiche Designerbluse am gleichen Tag für mehrere Preise – mit einer Preisspanne von über 100 Dollar. Bei **Saks Fifth Avenue** kostete das Stück 230 Dollar. Alternativ hätte ich die Bluse aber auch für 180 Dollar, für 163 Dollar, für 142 Dollar, für 109 Dollar und für 93 Dollar haben können.

Vorsicht: Weil Discounts und Rabatte so in Mode sind, versuchen auch viele reguläre Geschäfte Kunden mit Pseudorabatten und getürkten Nachlässen zu ködern. Der Trick: Sie schreiben einen falschen Originalpreis auf das Etikett und setzen dann den billigen daneben.

DIE GROSSEN DISCOUNTSHOPS

 AARON'S
627 Fifth Avenue (17th bis 18th Street), Brooklyn

Ich nahm kürzlich einen Tag frei, um einige Discountshops zu vergleichen nach Angebot, Auswahl, Ambiente, Service und meinem persönlichen Schleppfaktor – je mehr Einkaufstüten ich hier rausschleppe, desto besser. Deshalb kann ich mit einigem Recht sagen: Wenn Sie losziehen und nur einen Laden besuchen wollen, dann diesen hier.

Aaron's hat ungefähr 900 Quadratmeter sauberen, gut beleuchteten Stellplatz mit ordentlichen Regalen und handbeschrifteten Schildern, auf denen die Namen von vielen hochklassigen Designern stehen. Das Lager ist hinten – wenn Sie Ihre Größe nicht finden können, dann fragen Sie einfach nach. Die Verkäufer sind nett, keiner ist aufdringlich. Die Preise liegen 20 bis 25 Prozent unter dem Ladenverkaufspreis, sind also nicht die Schnäppchen des Jahrhunderts, aber immerhin gibt es viel Angebot und Auswahl. Und oft auch noch weitere Rabatte.

Wenn Sie dann in den Laden reinkommen, dürfte Ihnen heiß werden: Die Auswahl ist schlicht überwältigend. Die Bandbreite der Marken reicht von Klassisch (**Jones New York**) über Standard bis zu den Exoten (**Adrienne Vittadini**) – Sachen, die ich bei anderen Discountshops nie gesehen habe. Ein Besuch bei **Aaron's** ist lohnender als ein Trip an die Lower East Side und weniger aufwendig als der Besuch eines Factory-Outlet-Zentrums außerhalb der Stadt.

Allerdings ist auch hier die Anfahrt etwas zeitraubend. Nehmen Sie den N- oder R-Zug (Richtung Brooklyn oder Downtown) bis zur Haltestelle Prospect Avenue in Brooklyn. Damit befinden Sie sich auf der Fourth Avenue, Ecke 17th Street. Gehen Sie einen Block – 20 bis 30 Minuten – Richtung Osten zur Fifth Avenue. Es ist ganz einfach, Sie können es nicht verfehlen. Die Haltestelle Brooklyn ist sauber und ungefährlich, der Weg sicher und einfach zu finden. **Aaron's** öffnet um 9.30 Uhr.

Bolton's
27 W. 57th Street
1180 Madison Avenue an der 86th Street
4 E. 34th Street

Ich bin wahrscheinlich der einzige Gast, der im **Ritz-Carlton** wohnt, **Bergdorf's** und **Bolton's** besucht, aber nur bei **Bolton's** kauft. Ich glaube wirklich, daß die Leute an der Rezeption etwas überrascht schauen, wenn ich mit einem Berg roter Plastiktüten von **Bolton's** in die Lobby rausche. Dennoch fahre ich seit kurzem völlig auf **Bolton's** ab, speziell für Sachen, die man mal eben so mitnimmt.

Bolton's ist eine Kette – eine expandierende Kette, die auf dem besten Weg ist, zum Kassenknüller zu werden. Hier bekommen Sie brauchbare Modeaccessoires für sehr wenig Geld. Sie behaupten zwar, daß sie auch große Designer führen, aber tatsächlich, meine Lieben, habe ich dort niemals Hochklassiges gesehen.

Bolton's führt nicht die gleiche Qualität wie **Filene's Basement**, auch nicht dieselben Marken. Meine besten Einkäufe spielen sich in der zweiten

Liga ab, Sachen von **Kenar** etwa. Und Hüte. Sie werden es nicht glauben, aber bei **Bolton's** sah ich einen Hut, den es so ähnlich auch bei **Karl Lagerfeld** gibt, für 30 Dollar.

Es gibt auch vernünftige Basics. Im letzten Jahr beispielsweise hatte jeder diese Chenillepullover, die überall zwischen 130 und 300 Dollar kosteten. Nicht bei **Bolton's**: Da kaufte ich den Pulli für 29 Dollar. Die Qualität war nicht dieselbe, aber letztendlich gut genug.

Ich bevorzuge die Filiale an der West 57th Street, weil ich häufiger in der Gegend bin, aber **Bolton's**-Filialen gibt es offenbar an jeder Ecke. Die oben genannten Adressen gelten für ein paar besonders günstig gelegene Läden. Die anderen finden Sie im Telefonbuch.

Century 21
12 Cortlandt Street, Manhattan
472 86th Street, Brooklyn

Mir gehen die Worte aus, meine Hände werden feucht, wenn ich an **Century 21** denke. Keine Frage, das ist einer der besten Discountshops in Manhattan. Auch wenn der Weg zum Laden Downtown ziemlich mühselig ist. Was tun wir nicht alles für ein gutes Geschäft.

Century 21 verkauft Markenware mit Rabatt, also ähnlich wie **Filene's Basement**, allerdings auch ein paar der ganz großen Namen (**Armani, Lacroix** etc.), die ich bei **Filene's** nie gesehen habe. Das Geschäft in Manhattan geht mehrere Etagen in die Höhe, der Ableger in Brooklyn erstreckt sich über mehrere Ladenfronten. Verkauft werden Herren-, Damen- und Kinderkleidung, Bett- und Tischwäsche, Schuhe, Kosmetik und Drogeriewaren. Die Damenwäscheauswahl ist ganz gut, es gibt auch eine kleine Abteilung mit größeren Größen.

Und jetzt das Beste: Im Geschäft in Manhattan gibt

Die großen Discountshops

es oben, an der Seite mit dem Kundenservice, einen Durchgang und einen kleinen Raum mit reduzierter Kleidung. Das meiste ist beschädigt, einiges sogar richtig auffällig. Die meisten dieser Sachen haben Markenschilder, die Sie wahrscheinlich niemals sonst tragen werden. Das **Lagerfeld**-Kleid, in das ich mich verliebt hatte, trug ein 2000-Dollar-Preisschild. Allerdings fehlten ein paar Knöpfe. Stört mich das? Die Kleidung in dieser Ecke kostet generell nur die Hälfte dessen, was auf dem Etikett steht – auch **Joseph-Abboud**-Krawatten aus der aktuellen Kollektion.

CONWAY
1333 Broadway an der 35th Street
11 W. 34th Street
49 W. 34th Street
225 W. 34th Street
450 Seventh Avenue an der 35th Street
201 E. 42nd Street
45 Broad Street

Das Geschäft am Broadway liegt um die Ecke von **Macy's** und hat viel von einem türkischen Basar: Überall stapelt sich Ramsch – Sachen der letzten Saison, Auslaufmodelle, ungeliebte Stilrichtungen und Designerreste.
Wenn Sie billige Klamotten für Ihre Kinder haben wollen, preiswerte Badetücher für den Sommerausflug oder reduzierte Haushaltswaren, dann werden Sie sich hier wohl fühlen. Die Filialen in der West 34th Street sind ein bißchen nobler.
Conway ist bekannt für seine pinkfarbenen Einkaufstüten. New-York-Besucher bekommen Extrarabatt, wenn Sie an der Kasse Ihren Ausweis zeigen.

DAFFY'S
57th Street, Ecke Lexington Avenue
111 Fifth Avenue an der 18th Street
335 Madison Avenue an der 44th Street
1311 Broadway an der 35th Street

Bevor **Filene's Basement** aufmachte, war **Daffy's** der Einkaufstip. **Daffy's** ist nicht so gut sortiert wie das **Basement** – sie haben nicht exakt die gleichen Marken, aber hin und wieder auch billige Designerstücke. Ich habe hier schon Sachen von **Complice** gekauft – italienische Stricksachen, die ich gerne auf Reisen mitnehme. Sie hatten auch mal Dessous von **Natori**. Außerdem finde ich hier immer tolle Männersachen – zum Beispiel ein Sakko von **Alexander Feza** für 50 Dollar, eine Kordhose für 13 Dollar. Besonderer Knüller: Hemden von **Verte Vallée**, die in Deutschland regulär etwa 145 bis 159 Mark kosten, im Schlußverkauf 95 Mark, bei **Daffy's** 25 bis 35 Dollar.

Die Filiale an der Madison ist ganz angenehm für alle, die in Midtown sind. Die Damenmode wird im Untergeschoß verkauft. Dort finden Sie dann auch Accessoires, Wäsche und eine kleine Abteilung für Kindersachen.

Das Geschäft Downtown ist größer. Auf drei Etagen gibt es dort auch Männerkleidung, Taschen, Koffer, Schuhe und viele Accessoires.

Und der Laden an der East 57th ist ein definitives Muß. Ein schickes, zentral gelegenes Kaufhaus, mit einer unglaublichen Auswahl, bis hin zum – verbilligten – Armani-Anzug.

EDNA
821 Lexington Avenue an der 62nd Street

Nur ein kleiner Schuhladen, aber für **Galo**-Fans einen Abstecher wert: Sie bekommen hier die übriggebliebenen Modelle etwa 30 Prozent billiger als in den **Galo**-Läden. Ich zahlte 95 Dollar für ein

Die großen Discountshops

Paar Pumps, die bei **Galo** 145 Dollar gekostet hätten. Nicht schlecht, oder? **Edna** liegt in der Nähe von **Bloomie's**.

Filene's Basement
2222 Broadway an der 79th Street
620 Avenue of the Americas an der 18th Street

Die Shops breiten sich in Manhattan aus wie verrückt – es gibt Gerüchte, daß **Filene's Basement** sogar an die Madison Avenue will. Das Erfolgsrezept ist simpel: **Filene's Basement** handelt mit überschüssigen oder unverkauften Designerstücken für Männer und Frauen in verschiedenen Kategorien von Schuhen bis zur Unterwäsche inklusive Sondergrößen. Ich habe hier schon Stücke von **Valentino**, **Neiman-Marcus**, **Nina Ricci Paris**, **Eileen Fisher**, **Episode**, **Arnold Scaasi** gefunden – der reinste Irrsinn.
P.S.: Ein paar Sachen könnten Sie bei **TJ Maxx** noch billiger bekommen.

Loehmann's
106 Seventh Avenue an der 17th Street

Loehmann's ist endlich in New York! Die Welt dreht sich wieder – das ist wirklich ein Meilenstein in der Branche der Discountshops. Fünf Stockwerke voller großer Designermarken, inklusive **Donna Karan** und **Calvin Klein**, und alle sooo günstig.
Wer einen Ausflug in die Bronx plant, kann natürlich auch dort **Loehmann's** besuchen (5740 Broadway an der 236th Street, Riverdale, Bronx).

S&W
165 W. 26th Street

Ich bin kein Fan der **S&W**-Kette, aber die Filiale an der 26th Street steht ganz oben auf meiner Liste, wenn ich einen neuen Mantel brauche. Der Preisnachlaß liegt bei 20 Prozent. Ich finde auch die Lage nicht so toll – es ist zwar noch Manhattan, aber ich verirre mich sonst kaum in diesen abgelegenen Winkel.

🛍 TJ MAXX
620 Avenue of the Americas an der 18th Street

Dieser Off-Pricer, neu in Manhattan, ist eine Klasse besser als **Filene's Basement.** Das Geschäft gleicht einem Minikaufhaus mit etwas von allem – Kleidung für Herren, Damen und Kinder, Wäsche, Schuhe, Taschen, Kleinigkeiten für Haushalt und Wohnung, Bettwäsche und Badartikel. Sie haben hin und wieder ein paar große Designermarken, zum Beispiel **DKNY**. Großartig ist die Auswahl an Dekosachen für die Wohnung, Porzellan, Bilderrahmen. Mein bester Kauf: Schuhe von **Yves Saint Laurent** für 79 Dollar.

MÄNNER-DISCOUNTSHOPS

ARTHUR RICHARDS
85 Fifth Avenue an der 16th Street

Aus meiner Zeit beim Magazin *Gentlemen's Quarterly* weiß ich, daß **Arthur Richards** gute Anzüge macht. Deshalb verfolge ich Ausverkäufe und Preispolitik mit Interesse. Die zweimal jährlich stattfindenden Schlußverkäufe sind richtige Ereignisse.
Da sich das Geschäft in der Nähe von **Barney's** befindet, kann man zwei Fliegen mit einer Klappe schlagen. Und Richards' Laden macht schon um 9 Uhr auf. Die Auswahl an Anzügen in allen Stilen, Schnitten und Stoffen ist enorm. Kostüme und Blazer für Frauen gibt es übrigens auch.

Dollar Bill's
33 E. 42nd Street

Ich bin mir nicht sicher, wie Sie **Dollar Bill's** einsortieren würden – als eine Art Gemischtwarenladen, Warenbörse und Discountshop. Er verkauft alles und jedes und sitzt – ganz leicht zu erreichen – nicht weit vom Grand Central Terminal. Ray-Ban-Sonnenbrillen bekommen Sie hier schon für 39 Dollar. Noch besser: Bei **Dollar Bill's** gibt es die wichtigen, großen Designer zu kleinen Preisen. Das Angebot wechselt von Woche zu Woche.

Keine 99-Dollar-Kombinationen wie bei **Filene's Basement**, aber den 1200-Dollar-Designer-Busineß-Anzug für 400 Dollar. Für einen Geschäftsmann, der gerade mal eine Stunde zwischen zwei Terminen hat, kann **Dollar Bill's** die richtige Anlaufstelle sein. Ich habe dort Krawatten von den großen Marken (**Chanel**, **Armani**, **Fendi**) erstanden. Und mit einem Armani-Anzug geliebäugelt. Ich kaufte Pullover, Damenmode und Handtaschen und habe auch ein paar echt **Versace**-Taschen entdeckt.

Syms
400 Park Avenue an der 54th Street

Ich kaufe gerne bei **Syms** ein – Missoni, Armani und all die anderen schönen Dinge. Aber im Grunde bin ich davon überzeugt, daß dieser Laden sich vor allem für Männer lohnt. Sie bekommen hier internationale Designermarken zu vernünftigen Preisen.

Harry Rothman
200 Park Avenue South an der 17th Street

Auch bekannt als **Rothman's** am Union Square. Das ursprüngliche Geschäft von **Harry Rothman** an der Fifth Avenue existiert nicht mehr, aber dieser neue prächtige Laden an der Park Avenue South wird von seinem Enkel geführt. Harry's bietet viele große Designermarken und -anzüge mit Rabatt. In der Nähe liegen der Union Square Markt, **ABC Carpet & Home** und die Ladies Mile. Sie sollten sich das nicht entgehen lassen.

FABRIKVERKAUF

Ich denke, der Besuch eines Fabrikverkauf-Centers gehört zu einer echten New-York-Shopping-Tour.
Die Auswahl an Markenware ist dort einfach enorm. Das hat seinen Grund: Das Geschäft mit Fabrikverkaufsware hat sich so attraktiv entwickelt, daß viele Hersteller von vornherein zuviel produzieren, um ihre Outlet-Stores mitzuversorgen. So profitieren Fabrikverkaufsläden vom bekannten Namen der Designer und von deren teuren Werbekampagnen, die ja alle schon bezahlt sind, und erreichen ein ganz anderes Marktsegment als der traditionelle Handel.

Manchmal sind diese Läden Testmarkt für neue Produkte, vor allem bei Haushaltwaren und Inneneinrichtung. Selbst Modell- und Musterkleider werden in den Fabrikverkaufsläden rund um New York angeboten. Es lohnt sich, solche Kleider anzuprobieren. Sie werden für Models gemacht und haben deshalb keine bestimmte Größe. Große schlanke Frauen dürften am ehesten Passendes finden.

Die Preise in Fabrikverkaufsläden sind für gewöhnlich die gleichen wie im Discountshop oder bei Ausverkäufen in Warenhäusern – also Ladenpreis minus 20 bis 25 Prozent. Ein Kleid mit einem 100-Dollar-Preisschild hängt in der Regel für 79 Dollar im Outlet-Store – manchmal auch für nur 50 Dollar. Und es wird ganz sicher noch mal reduziert, wenn die Saison zu Ende geht.

Rund um New York gibt es einige Outlet-Center. **Woodbury Common** ist mein Favorit. Es ist per Bus und Auto einfach zu erreichen und einfach zu durchlaufen und hat viele hochklassige Läden. Aufgrund der hohen Sales Tax im Staat New York (8,25 Prozent) kenne ich allerdings auch Leute, die lieber nach New Jersey fahren.

Woodbury Common

Woodbury Common hat sich im vergangenen Jahr grundlegend verändert. Ich glaube, das Wichtigste, das ich gleich mal loswerden sollte, ist eine Warnung: Hier gibt es offenbar keine Rezession, an den Wochenenden ist es so voll, daß Sie möglicherweise nicht einmal einen Parkplatz finden werden. Wenn irgend möglich, kommen Sie unter der Woche.

Vom Anblick her war **Woodbury Common** schon immer schön: Das Outlet-Zentrum ist im Stil eines Kolonialstädtchens gebaut. Jeder Shop ist in einer anderen Pastellfarbe bemalt. Am liebsten möchte man gleich einziehen. Mit den neuen Erweiterungen ist das Städtchen allerdings ziemlich wild gewachsen, und Sie wären mit einem Golfcart gut bedient. Rechnen Sie damit, daß Sie Ihr Auto ein- oder zweimal bewegen müssen. Die neuen Bauten sind nicht so nett wie das eigentliche Center. Nicht häßlich, aber sparsam gebaut. Der Eindruck drängt sich auf, daß das Zentrum in einen besseren und einen schlechteren Teil zerfällt – das ist aber nicht richtig, weil viele der hochklassigen Läden (**Barney's**, **J. Crew**) in diesen Neubauten sind.

Die Fahrt hierher ist einfach (auf einem großartigen Highway) und fast zu jeder Jahreszeit auch sehr schön, vor allem im Herbst. Sie brauchen von Manhattan aus etwa eineinhalb Stunden.

Nehmen Sie eine Videokamera mit – Ihre Freunde zu Hause werden Ihnen sonst nicht glauben, daß es so was wie hier gibt. Besser noch einen Kombiwagen oder einen Kleinlaster. Und, um Himmels willen, bringen Sie Ihre Kreditkarten mit.

Nehmen Sie einfach den New York State Thruway (Interstate 87), und fahren Sie bei der Ausfahrt 16 wieder ab. Wenn Sie am Mauthäuschen vorbeifahren, sehen Sie die Mall schon auf der rechten Seite. Parkplätze sind kostenlos.

Bustouren nach **Woodbury Common** sind heute leichter als je zuvor, dank eines relativ neuen Angebots der Gray-Linie. Es gibt täglich einen Bus, der am Morgen hinfährt – ab der 42nd Street, Ecke Eight Avenue –, und zwei Busse, die zurückfahren. Jeder Fahrgast bekommt ein Heftchen mit Discountcoupons. Der Fahrpreis liegt bei 30 Dollar. Weitere Auskünfte bei **Gray Lines** (☎ 3 97 26 20).

Planen Sie einen vollen Tag ein; selbst wenn Sie mit dem Bus anreisen, werden Sie erschöpft sein, wenn Sie wieder in Manhattan sind.

Im Zentrum gibt es mehr als 100 Outlet-Stores, inklusive vieler großer Namen wie **Burberrys, Brooks Brothers, Cole-Haan, Calvin Klein, Adrienne Vittadini, Barney's, J. Crew, Carole Little, Harvé Bernard, Ellen Tracy** und **Anne Klein**. Ach ja, scusi, habe ich **Emanuel Ungaro, Gucci, Versace, Giorgio Armani A / X** erwähnt?

Durchblick verschaffen ein Informationscenter, ein kostenloser Übersichtsplan und eine eigene Zeitung. Saubere Restrooms sind in unterschiedlichen Abständen auf dem Gelände plaziert.

In der Mall gibt es ein paar Läden für Männer, aber drängen Sie keinen unwilligen Mann hierher, der dann erwartet, er findet jede Menge zum Kaufen oder das Erlebnis seines Lebens.

Essen Sie außerhalb der üblichen Zeiten, vor allem

Fabrikverkauf

samstags und sonntags. Zur Auswahl stehen **McDonald's**, ein chinesischer Imbiß, ein mittelmäßiges italienisches Restaurant und eine Salatbar. Am Wochenende ist es hier gepackt voll.

Öffnungszeiten: Montag bis Samstag von 10 bis 18 Uhr, am Sonntag von 11 bis 17 Uhr. Vom 1. Mai bis Jahresende am Donnerstag und Freitag ist bis 21 Uhr geöffnet. Am Nationalfeiertag, dem 4. Juli, am Weihnachtstag und Silvester ist schon ab 15 Uhr geschlossen. Ruhetage an Ostern, Thanksgiving, an den Weihnachtstagen und Neujahr. (☎ [001/914] 9286840).

Secaucus, New Jersey, Warehouses

Ich bin ein Fan der Steuergesetzgebung in New Jersey. Auf Kleiderkäufe fällt keine Tax an. Das macht **Secaucus** interessant. Und den **Calvin-Klein**-Discountladen.

Stellen Sie sich ein Gewerbegebiet vor, das mehr oder weniger den Outlet-Stores gewidmet ist, mit ein paar Zentren und vielen freistehenden Hallen. Alles neu, sauber und gut ausgeleuchtet. Ein Entwicklungsgebiet, das auf neugewonnenem Land im Meadowlands-Gebiet von New Jersey geschaffen wurde – in der Nähe der Industriekapitale der Vereinigten Staaten, dem guten alten Secaucus.

Von New York aus fahren Sie rund eine halbe Stunde. Nach dem Lincolntunnel geht es auf der Route 495 weiter (lassen Sie sich von der großen Schleife nicht verwirren). Dann halten Sie sich rechts und fahren auf die Route 3 Richtung Secaucus und Albany bis zur Ausfahrt Meadowlands Parkway.

Fahren Sie selbst, wenn Sie können – die Ausgabe für einen Mietwagen lohnt sich. Die Entfernungen zwischen den verschiedenen Warehouses sind beachtlich, und das Gebiet ist größer als **Disneyland** (und viel lustiger). Rechnen Sie damit, daß Sie Ihr Auto ständig bewegen – mindestens dreimal, auch wenn Sie von jedem Parkplatz verschiedene Läden besuchen. Ziehen Sie deshalb unbedingt bequeme Schuhe an.

Und erwarten Sie nicht überall die Superdeals. Die Sachen von **Armani** und **Ungaro** gab es billiger mitten in Manhattan, bei **Century 21** (exakt die gleichen Sachen zur selben Zeit). Andererseits sah ich Schnäppchen bei **Calvin Klein**, die so günstig waren, daß es sich sogar lohnt, für die Anfahrt einen Wagen mit Chauffeur zu mieten.

Online-Tip

🖳 http://www.samplesale.com
Hier finden Sie Infos über Sales und Sonderangebote – und eine Liste der Fabrikverkaufszentren, die Designerstücke zu Discountpreisen abgeben.

NEW YORKER SPAR-DEALS

In New York City gibt es unzählige Verkaufsveranstaltungen. Einige Events sind wohltätig wie »Seventh on Sale«: Designer spenden Modelle, die dann wie auf einem Flohmarkt verkauft werden. Andere Veranstaltungen drehen sich ums Essen – die Ninth Avenue Association hat eine jährliche Party, bei der Sie sich durch Massen von Leuten schlängeln müssen, um die Spezialitäten anderer Länder zu erkunden. Ähnliche Feste gibt es auch in Little Italy. Nicht zu vergessen das Chinesische Neujahrsfest in Chinatown.

Fragen Sie an der Rezeption Ihres Hotels oder lesen Sie in *Where*, was gerade läuft, wenn Sie in der Stadt sind.

LAGERVERKAUF

Wenn Kleidung aus der Mode ist, hat sie nur noch geringen Wert. Außerdem müssen Designer und Hersteller für den Platz bezahlen, den ihre noch nicht verkaufte Ware im Kaufhaus wegnimmt.

Einige Designer heben ihre Modelle im Archiv auf und verleihen sie an Freunde oder in der Familie (viele Abendkleider, die Sie auf den Fotos in den Klatschspalten sehen, sind geliehen). Andere veranstalten Musterverkäufe. Gehen Sie den Broadway oder die Seventh Avenue in der Nähe des Stoffviertels hinunter, und Sie bekommen mit ziemlicher Sicherheit ein Flugblatt in die Hand gedrückt, das für verschiedene Musterverkäufe wirbt.

Rufen Sie Ihre bevorzugten Designer an, vor allem im April und im Oktober, und fragen Sie nach, ob öffentliche Lagerverkäufe stattfinden. Falls nicht: Erkundigen Sie sich, ob Muster oder überschüssige Ware über Factory Outlets abgesetzt werden.

Sie können es sich auch einfach machen und den *S&B Report* (die Buchstaben stehen für Sales und Bargains) abonnieren. Das Heft listet auf, wer was verkauft (☎ [001/212] 683 76 12).

- Achten Sie in der *New York Times* auf Anzeigen, die Lagerverkäufe ankündigen. Das lohnt sich vor allem während der Geschenkesaison. Fast alle großen Musterverkäufe werden annonciert.
- Checken Sie regelmäßig die Schnäppchenseite im Internet:
  🖳 http://www.samplesale.com
  Dort kündigen die wichtigen Geschäfte detailliert ihre ganzen Sales an.
- Gehen Sie möglichst morgens, vermeiden Sie die Stoßzeiten während der Mittagspause.
- Hinterlassen Sie im Laden Ihre Adresse, um rechtzeitig über bevorstehende Ausverkäufe informiert zu werden. Fragen Sie nach den nächsten Veranstaltungen.
- Wenn möglich, probieren Sie die Sachen vor dem Kauf an.
- Kaufen Sie nichts, nur weil es billig ist.

Das ist natürlich leichter gesagt als getan. Wenn Sie einmal Ihren ersten Lagerverkauf hinter sich haben, werden Sie unter Umständen ein Opfer der »Mustersucht«. Die Folge: Sie gehen zu Lagerverkäufen, weil es dort billig ist, und kaufen Sachen, die Sie nicht brauchen, weil sie günstig sind.

Extratip: Achten Sie auch auf Anzeigen von ausländischen Firmenvertretern. Die fliegen gelegentlich für eine Woche nach New York, nehmen sich eine Suite in einem Midtown-Hotel und empfangen private Besucher, die dann zu Großhandelspreisen bei ihnen einkaufen können.

Schneider, aber auch Kleiderhersteller oder ganze Kaufhäuser wie **Harrods** bedienen sich öfters dieser Methode. Die Hotels verdienen auch nicht schlecht daran. Fragen Sie deshalb regelmäßig an der Rezeption nach, ob in den Kongreßsälen gerade so ein öffentlicher Verkauf stattfindet.

MESSEN

Messeeinkauf benötigt gute Vorbereitung, Stauraum und Bargeld, aber es ist der beste Weg, um Geld und Zeit zu sparen und zugleich fabelhafte Geschenke zu bekommen.

Manhattan beherbergt fast 1000 Messen im Jahr. Nicht alle werden Sie interessieren. Aber Veranstaltungen wie die Gift Show, die Stationery Show und die Linens Show sind einen Besuch wert. Nicht nur, weil Sie einen Eindruck davon bekommen, was die nächste Saison bringt. Am letzten Tag verkaufen die Vertreter oft die Musterstücke direkt vom Stand weg, anstatt einen Lieferwagen zu mieten, um das Zeug wieder nach Hause zu fahren. Sie zahlen den Großhandelspreis, manchmal auch weniger. Wenn Sie auf einer Messe einkaufen wollen:

- Besorgen Sie sich eine Übersicht über die Messen der Woche an der Rezeption, aus einer Zeitschrift oder vom Fremdenverkehrsamt.
- Achten Sie auf den letzten Messetag und die Öffnungszeiten.
- Gehen Sie am letzten Tag etwa ab 11 Uhr zur Messehalle und füllen Sie den Besucherschein aus. Der Besuch ist entweder gratis, oder Sie zahlen Eintritt (10 bis 25 Dollar); Sie brauchen dazu noch ein paar Papiere, die Ihren geschäftlichen Besuch glaubhaft machen. Dafür sind Visitenkarten genau richtig.
- Ihre Visitenkarte sollte möglichst einen Bezug zum Geschäftsbereich der Messe haben, die Sie

besuchen wollen. Sie sollte irgendeinen Firmennamen tragen, nichts Ausgefallenes. Ihr Name sollte auch auf der Karte stehen.
- Rechnen Sie damit, daß Sie ein paar unverfängliche Fragen zu Ihren Geschäften beantworten müssen. Etwa, was Sie denn genau machen. Ein Geschenkehandel oder Partyservice sind gute Türöffner für fast alle Arten von Messen.
- Wenn Sie etwas sehen, was Ihnen gefällt, dann stellen Sie sich dem Vertreter vor – mit professionellem Auftreten und Ihrem Firmennamen – und fragen Sie, ob Musterstücke verkauft werden. Wenn die Antwort positiv ausfällt, dann zahlen Sie bar. Keiner will Ihren Scheck. Keiner will auf einen Travelers-Scheck herausgeben. Cash und carry.
- Wenn Sie Ihre Weihnachtseinkäufe im Juli machen oder Kindergeburtstage im Dutzend feiern, können Sie einige gute Schnäppchen finden – und in den folgenden Monaten viel Zeit sparen, während Ihre Freunde panisch herumrennen.

FLOHMÄRKTE

Nicht alles, was Sie auf einem Flohmarkt kaufen, ist zwingend billiger als anderswo. Informieren Sie sich vorab über die gängigen Preise, um Reinfälle zu vermeiden. Händler sollten Sie immer mit einer gehörigen Portion Mißtrauen behandeln. Hier erzählt man Ihnen viel, um Sie zum Kauf zu überreden. Gezahlt wird im Normalfall in cash.

Informieren Sie sich auch genau über die Öffnungszeiten:

- Wochenendmärkte finden oft nur samstags oder sonntags statt.
- »Wheather permitting« bedeutet, daß der Markt bei Regen oder Frost ausfällt.

- Zwischen Weihnachten und Silvester bleiben einige der Märkte geschlossen.

THE ANNEX ANTIQUES FAIR & FLEA MARKET
Avenue of the Americas an der 26th Street
(1 Dollar Eintritt)

Einer der besten Orte, um für ein paar Stunden im Kaufrausch zu schwelgen. Allerdings sind die Preise auf diesem In-Markt mittlerweile ziemlich hoch, und die Verkäufer oft inkompetent. Der Samstagsmarkt erstreckt sich über zwei Parkplätze, am Sonntag kommt noch ein Parkplatz dazu. Um die Ecke (110 W. 19th Street) liegt der **Metropolitan Arts & Antiques Pavilion**, eine Halle, in der von 9 bis 17 Uhr der Verkauf läuft. Der Eintritt ist hier frei.

THE CHELSEA ANTIQUES BUILDING
110 W. 25th Street

Dieses Gebäude besitzt zwölf Stockwerke voller Zeug, und falls Sie gerne in Antiquitäten wühlen, dann haben Sie jetzt Ihre Lebensaufgabe gefunden. Täglich geöffnet.

THE GARAGE
112 W. 25th Street

Eine Halle für 150 Händler.
Montags bis freitags.

ANTIQUE FLEA & FARMERS MARKET: P. S. 183
East 67th Street, zwischen First Avenue und York Avenue

Der Spaß fängt schon an der Ecke First Avenue an. Auf Treppen und Zäunen werden die ersten Stücke verkauft. Auf dem Schulgelände selbst findet der Verkauf draußen auf dem Hof und drinnen

im Gebäude statt. Dort sind die echten Schätze zu haben. Wenig Sensationelles, viel guter Modeschmuck.
Die Atmosphäre ist angenehm: Auf dem Hof verkaufen Farmer ihre Sachen, an anderen Ständen bekommt man selbstgemachten Kuchen, heißen Apfel-Cide, Blumen und im Advent Christbäume. Samstags von 9 bis 17 Uhr.

P. S. FLEA MARKET
Columbus Avenue, zwischen 76th und 77th Street

Sonntags-Schul-Markt auf der West Side. Sammelsurium verschiedener Stände, die bis hin zu Gemüse alles mögliche anbieten. Traveller verscherbeln hier ihre Mitbringsel aus Ecuador, Mexiko oder Bali, andere Socken und Unterwäsche im Dreierpack. Mittendrin Kunstgewerbe und Antiquitäten. Ich kaufe meine Hüte bei **François** – nicht gerade billig, aber günstiger als bei **Saks**. Sonntags von 10 bis 17.30 Uhr.

P. S. 41
Greenwich Avenue, zwischen Sixth und Seventh Avenue

Noch ein Markt auf einem Schulgelände. Der Verkauf läuft lange, vor 11 Uhr tut sich nichts. Nur samstags.

TOWER RECORDS FLEA MARKET
Broadway, zwischen 4th und Great Jones Street

Weniger ein Flohmarkt als vielmehr ein Happening für Kids. Der Parkplatzmarkt in der Nähe des Plattenladens ist hip und immer brechend voll. Hier bekommen Sie das Feeling für NoHo, SoHo, das East Village und die ganze sonstige New Yorker Jugend. Verkauft wird nur neues Zeug, T-Shirts mit smarten

Aufschriften, Ethnosachen, enge Bluejeans, Baseballkappen, Uhren und Schmuck.
Samstags und sonntags von 10 bis 19 Uhr.

SOHO ANTIQUE & FLEA MARKET
465 Broadway SoHo

Der flippigste Markt in Manhattan. Gehandelt wird vor allem mit Secondhandklamotten und -zeug wie gebrauchten Kameras, Schreibmaschinen etc.
Samstags und sonntags von 9 bis 17 Uhr.

WOHLTÄTIGKEITSVERKÄUFE

Viele New Yorker geben Überflüssiges aus dem Haushalt an wohltätige Organisationen, um für ihre Spende wenigstens eine Rückzahlung der Steuer zu erhalten.

- Eine Unzahl von sogenannten Thrift Shops und Geschäften von karitativen Organisationen verkaufen Kleidung aus zweiter Hand.
- Für Antiquitäten und Möbel gibt es einen zweimal jährlich stattfindenden Markt, die **Seventh Regiment Armory Antiques Show**, an der Park Avenue, Ecke 67th Street.
- Kleidung gibt es beim **Posh Sale**, ein Basar der »Lighthouse for the Blind«, ebenfalls in der Armory. Zweimal im Jahr räumen die Damen der New Yorker Gesellschaft ihre Kleiderschränke aus (die Designer machen's ebenso) und schicken die Stücke, an denen sie sich abgesehen haben, zum Posh Sale. Ab 30 Dollar sind Sie dabei.

Thrift Shops

In der Regel sind es Schulen, Krankenhäuser und Krankenhilfe oder Forschungszentren, die solche Shops betreiben.

Thrift Shops sind nicht gut oder schlecht: Ware kommt und geht, und niemand weiß, was gerade da ist. Über die Jahre kommen Thrift Shops immer mal wieder in Mode. Abgesehen von jungen Leuten, die auf Grunge stehen, gibt es viele Kunden aus der gehobenen Mittelschicht, die auf hohe Qualität zum kleinen Preis aus sind.

Mit Edelsecondhandshops wie **Encore** oder **Michael's** können Thrift Shops jedoch nicht mithalten.

Ein paar Grundregeln gelten für die meisten Thrift Shops:
- Viele nehmen Kreditkarten, einige auch Schecks.
- Einige Shops räumen Mengenrabatte ein.
- Die meisten Läden öffnen um 11 Uhr, samstags aber eher zu ungewöhnlichen Zeiten. Einige wenige Läden haben am Sonntag auf.
- Viele Thrift Shops liegen an der Upper East Side; ich habe einige zusammengefaßt, die mir einen Ausflug wert erscheinen.

CANCER CARE THRIFT SHOP
1480 Third Avenue an der 83rd Street

SPENCE CHAPIN THRIFT SHOP
1430 Third Avenue an der 81st Street

MEMORIAL SLOAN KETTERING THRIFT SHOP
1440 Third Avenue an der 81st Street

GODMOTHER'S LEAGUE THRIFT SHOP
1457 Third Avenue an der 82nd Street

IRVINGTON INSTITUTE
1534 Second Avenue an der 80th Street

OUT OF THE CLOSET
136 W. 18th Street

Wohltätigkeitsverkäufe

Noch ein Tip: Es gibt ein paar Thrift Shops, die vor allem Wohnaccessoires verkaufen, wie:

HOUSING WORKS THRIFT SHOPS
143 W. 17th Street zwischen 6th und 7th Avenue
202 E. 77th Street zwischen 2nd und 3rd Avenue
306 Columbus Avenue zwischen 74th und
75th Street

Der Laden in der 17th Street in der Nähe des Union Square lohnt in jedem Fall einen Abstecher – allein schon wegen der Atmosphäre und dem bunten Publikum. Außerdem dient der Kauf einem guten Zweck: Das Geld, das die **Housing Works Thrift Shops** einnehmen, kommt der Aids-Hilfe zugute.

AUKTIONEN

Auktionen bedienen den Markt für hochklassige oder zumindest mittelmäßige Kunst und Möbel. Es gibt aber auch Auktionen, auf denen Fundsachen und ähnliches angeboten werden: Polizeistationen, die US-Post und der Zoll versteigern konfiszierte, nicht zustellbare oder herrenlose Waren (keine Drogen).

Polizei

Termine für die Police Auction im Gebäude **One Police Plaza** können Sie unter ☎ 406 13 69 abfragen. Es gibt Kataloge und einen Besichtigungstermin. Allerdings müssen Sie dafür mehrere Asservatenkammern in der Stadt abklappern – keine angenehme Sache. Die Auktionen sollen sich lohnen. Obwohl die Polizei angeblich schöne Stücke wie gut erhaltene Autos selbst behält, um sie als Wagen für die Zivilstreifen einzusetzen.

Zoll

Die Termine für die Auktionen beim Zoll werden bundesweit ein Jahr im voraus veröffentlicht. Zweimal im Jahr finden große Versteigerungen in verschiedenen regionalen Zollstationen statt. Sie benötigen eine Bieterkarte, die 25 Dollar Gebühr er halten Sie zurück. Versteigert werden in der Regel Waren, für die niemand Zoll bezahlen will. Beschlagnahmte Waren kommen dagegen selten in die Auktion, weil ihre Ein- oder Ausfuhr ohnehin verboten ist – Sie werden also hier kaum den Leopardenfellmantel bekommen, von dem Sie immer geträumt haben. Trotzdem ein Vergnügen für Regentage. Lassen Sie sich auf die Interessentenliste setzen (☎ 4662924).

STRASSENHÄNDLER

Die Straßenhändler in Manhattan mögen einen fabelhaften Ruf haben, aber so toll wie früher sind sie nicht mehr. Polizeirazzien haben die Händler mit den Designerimitaten aus Midtown Manhattan vertrieben, so daß Sie heute kaum noch damit rechnen können, einen gefälschten **Mont Blanc** zu finden, wenn Sie einen brauchen. Straßenhandel, vor allem mit gefälschter oder kopierter Ware, ist verboten.

Geblieben sind die kleineren Fische. Bei gutem Wetter stehen die Kerle vor allem an belebten Plätzen und Touristenwegen und bieten eine kleine Auswahl aller möglichen Waren an – Uhren, Sonnenbrillen, Bücher, Perlen, Krawatten, Sweatshirts usw. Bei schlechtem Wetter stehen dort andere und verkaufen Schirme, Handschuhe oder Schals. Besonders beliebt sind Fifth Avenue und Sixth Avenue im Village (nahe Bleecker). Am unteren Broadway (in der Nähe von Astor Place) ist ebenfalls ein guter Platz, um Händler anzutreffen.

Die Qualität dieser Sachen ist dubios, aber wenn

Sie es nicht ganz genau nehmen, wird es schon stimmen. Der Schirm hält lange genug, um Sie durch den Sturm zu bringen, und die Uhr dürfte auch noch eine Weile ticken.

Ich fand es immer ziemlich mühsam, die Kerle zu finden, wenn ich gerade nach ihnen suchte. Wenn ich gefälschte Waren kaufen will, nehme ich die U-Bahn und fahre zur Canal Street, wo Preise und Auswahl ohnehin am besten sind.

Straßenhändler verkaufen Stücke aus verschiedenen Quellen: gefälschte Ware oder gestohlene oder »verlorene«. Uhren sind zweifellos Fälschungen, während die Sweatshirts vielleicht auf dem Weg zum Warenhaus verlorengingen. Sie wissen schon: Es ist schwierig, all diese Lastwagen im Auge zu behalten.

Es lohnt sich, darüber nachzudenken, wann eine Ware gefälscht, kopiert oder ein Schnäppchen ist und ab wann es illegal wird. Wenn der Originalhersteller geschädigt werden soll, dann handelt es sich um Fälschung. Alle 25-Dollar-Uhren von **Gucci**, **Rolex**, **Dunhill** oder **Cartier** sind gefälscht. Es ist verboten, sie zu verkaufen und zu kaufen: Der deutsche Zoll konfisziert gnadenlos alle Raubkopien. Davon abgesehen, gibt es auch Modewellen bei den Fälschungen – gefälschte **Chanel**-Waren sind schwer zu finden, während **Versace** überall angeboten wird.

Viele Designerstücke, die auf der Straße verkauft werden, sind außerdem keine richtigen Fälschungen – achten Sie auf das Logo. Gucci-Imitate sehen von weitem aus wie **Gucci**, aber bei genauerem Hinsehen entdeckt man, daß dort eben kein G zwischen den Klammern steht. Das sind dann keine Fälschungen, sondern ist der Versuch, an Ihrer Kurzsichtigkeit oder Unaufmerksamkeit zu verdienen. Und es ist nicht verboten.

New York bietet nicht diese perfekten Raubkopien, die Sie in Italien oder Bangkok finden können – den meisten US-Fälschungen sieht man es an. Einige kann man als witziges Geschenk nehmen. Ich würde niemals eine Kopie verschenken und dabei behaupten, es handelt sich um ein Original.

Plumpe Fälschungen sind leicht zu finden: Sie sehen billig aus, fühlen sich billig an und riechen auch so. Gute Dubletten erfordern ein erfahreneres Auge.

- Achten Sie darauf, wie das Original aussieht und wie es sich anfühlt.
- Prüfen Sie, ob der Hersteller tatsächlich den gleichen Stil produziert. Diese auffälligen Sonnenbrillen an der Canal Street, die so nach **Chanel** aussehen – sind sie es wirklich? Natürlich, sie sehen nett aus, aber **Chanel** hat keine Brillen in diesem Stil. Oder diese verrückten Chanel-Ohrringe mit Steckverschluß – **Chanel** produziert nur Clipse.
- Achten Sie auf das Gewicht der Waren, die Oberfläche und Webart von Stoffen, die Nähte, die Machart des Labels oder des Warenzeichens. Echte Ray-Ban-Brillen tragen nicht nur den Schriftzug **Ray Ban** (wie die Fälschungen), sondern haben zusätzlich kleine RB-Initialen, die in den Gläsern nahe den Bügeln eingefärbt sind. Das ist schwer oder überhaupt nicht zu fälschen.
- Fragen Sie nach, ob die Waren mit einem Echtheitszertifikat versehen sind. Kein Witz. Echte Designerware kommt inzwischen mit eigenen kreditkartenähnlichen Zertifikaten, einige sogar mit Seriennummer. Selbst ein **Prada**-Schlips besitzt so eine Garantie. Die **Prada**-Taschen, die in der Canal Street verkauft werden, haben das nicht.

Wenn Sie mit Absicht eine Imitation auswählen, dann hängt viel davon ab, in welchem Umfeld Sie Ihre Fälschung zeigen. Wenn alle Ihre Freunde das Original haben und Sie eine Dublette tragen, dann können Sie davon ausgehen, daß Ihr Geheimnis früher oder später ans Licht kommt. Wenn Sie dagegen einen einmaligen Besuch bei der Oscar-Verleihung vorhaben oder ihre Preziosen nur im Kerzenlicht herzeigen, dann wird keiner den Unterschied bemerken, bis Sie es selbst erzählen. Bedenken Sie aber, daß Fälschungen mit Qualität nicht billig sind und billige Fälschungen auch billig aussehen.

MÖBEL & DESIGN

Die meisten New Yorker leben in kleinen Apartments und träumen vom eigenen Häuschen. Und wir alle, die bereits die Flucht in die Vororte angetreten haben und dort Haus und Garten besitzen, fragen uns, ob wir jemals wieder in einer Citywohnung leben könnten.

Mit dem nötigen finanziellen Background bereitet es natürlich keine Probleme, dieses Domizil von bekannten Designern wie **Mario Buatta**, dem »Prinz des Chintz«, ausstatten zu lassen.

Ich richte mich lieber selber ein und kaufe die Sachen günstig. Die Einrichtung meines ersten New Yorker Apartments war weitgehend aus dem Sperrmüll zusammengestellt. Und ich hasse es noch immer, reguläre Ladenpreise zu zahlen – vor allem für Innendekor und Möbel.

Falls Sie da ähnlich denken, folgen Sie mir auf die Manhattan-Möbel-Tour. Und ich schicke Sie nicht zu **IKEA**.

ABC Carpet & Home hat mehr zu bieten. Dieses Wohnungs-Wunderland liegt mitten in Manhattan, in der Nähe des Union Square, und lockt auf vier Etagen mit Design und Dekorativem. **ABC** hat andere Läden nachgezogen, und mittlerweile ist diese Ecke voller interessanter Geschäfte und Kneipen.

Außerdem spezialisieren sich immer mehr große Boutiquen auf Heimdekor und Accessoires. Keine Ahnung, wie diese Leute sich über Wasser halten. Smartshopper scheuen sich nicht, neben ein Designersofa die Discountvase zu stellen – solange es gut aussieht. Ich gehöre zu ihnen.

DESIGN & DEKORATIVES

RALPH LAUREN
867 Madison Avenue an der 72nd Street

Wohl kaum ein anderer hat das moderne Massendesign in Amerika so beeinflußt wie **Ralph Lauren** und seine Verherrlichung des guten alten britischen Countrystils. Obwohl es sich bei vielem, was **Ralph Lauren** hervorbringt, nur um Nachahmungen handelt, setzt er damit innerhalb Amerikas Maßstäbe. Auch bei mir zu Hause ist der Einfluß nicht zu übersehen: Selbst im Bad stapeln sich altmodische Behälter und Kosmetiksets.
Viele Kaufhäuser haben Ralph-Lauren-Boutiquen. Das ganze Sortiment können Sie sich auf der Madison Avenue ansehen.

TAKASHIMAYA
693 Fifth Avenue an der 54th Street

Selbst wenn Sie keine Zeit haben, in den ersten Stock und das Herz dieses Kaufhauses vorzudringen, sollten Sie sich die Atriumhalle im Erdgeschoß und die Kreationen des französischen Floristen ansehen. Eine Treppe höher warten dann wunderschöne Auslagen auf Sie, mehr französischer Landhausstil als japanisch. Und einige – wenige – Dinge sind hier sogar erschwinglich.

FELISSIMO
10 W. 56th Street

Felissimo hat mit dem japanischen Kaufhaus **Takashimaya** erstmals echte Konkurrenz bekommen. In dieser Oase der Ruhe und des guten Geschmacks können Sie unter kunstvollen Geschenken und Wohnaccessoires wählen. Hier habe ich zum ersten Mal die Holzpostkarte für 5 Dollar entdeckt – für mich eines der besten Souvenirs New Yorks (das sie auch bei **Barney's** bekommen). Einkaufen als pures Vergnügen.

🎁 Barney's
660 Madison Avenue an der 62nd Street

Ein herrliches Kaufhaus und eine zentrale Adresse der Madison Avenue – aber vor allem eine der besten Anlaufstellen, um Geschenke zu erstehen. Sehen Sie sich unbedingt **Chelsea Passage** an.

🎁 Henri Bendel
712 Fifth Avenue an der 56th Street

Der Laden ist schick-verspielt, die wenigen ausgesuchten Glas- und Porzellanstücke einzigartig und entsprechend teuer. Hier bekommen Sie das nötige Zubehör, um Ihrer Wohnung einen beiläufigen Edellook zu verpassen: buntes Glas (mundgeblasen, natürlich), bunte handbemalte Platten (farblich nicht passend, natürlich) und farbige Servietten aus Indien.

🎁 Bergdorf Goodman
754 Fifth Avenue an der 58th Street

Falls Sie nur einen schnellen Überblick wollen, was an schicken Glas- und Porzellanstücken auf dem Markt ist, dann sollten Sie zu **Bergdorf Goodman** in den siebten Stock fahren. Auf dieser Etage finden Sie nicht nur schönes Porzellan und Tischdecken, sondern noch andere Wunder dieser Welt – handbemalte Servietten etwa, mit Gold überstäubt. **Kentshire of London** unterhält hier einen Antiquitätenladen. Die Weihnachtssachen sind ein Muß. Sonderangebote versteckt dieser Laden meist in irgendwelchen Ecken. Fragen Sie nach.

Design & Dekoratives

🎁 MacKenzie & Childs
824 Madison Avenue an der 69th Street

Die kleine Designfirma aus Vermont verkauft nur handbemaltes Porzellan und vieles mehr. Echt innovativ und kreativ, aber die Preise. Oh, là, là. Normale Menschen können sich bestenfalls eine Türklinke leisten. Aber was für eine.

Pierre Deux
870 Madison Avenue an der 71st Street

Ich liebe französische Stoffe, und hier ist der Ort, um sie zu kaufen. **Pierre Deux** führt sogar die Marken **Souleiado** und **Les Olivades**.

Tiffany & Co.
727 Fifth Avenue an der 57th Street

Frühstücken können Sie bei **Tiffany's** nicht. Aber das Geschäft verkauft die zugehörigen Accessoires: Geschirr, Silber, Kristall, Kerzenständer. Außerdem finden Sie bei **Tiffany's** – entgegen dem Image – auch viele günstige Sachen. Smart Shopper kombinieren Zeug vom Flohmarkt gerne mit einem kostbaren Stück von **Tiffany's**.

Jonal
25 E. 73rd Street

Jonal ist »very british« – mit Sachen von **Nina Campbell** – und konzentriert sich auf Stoffe, Bettzeug und alles andere, was ein perfektes Heim ausmacht. Aufwendig, luxuriös und teuer.

🎁 William Wayne
850 Lexington Avenue an der 64th Street

Ein Laden, der ständig in irgendwelchen Zeitschriften erwähnt wird und den Sie allein schon deshalb gesehen haben sollten. Kaufen können Sie hier wunderbare nützliche und nutzlose Wohnaccessoires.

HOWARD KAPLAN
35 E. 10th Street

Kaplan gilt als Experte für Countrylook. In seinem Geschäft geben sich die Berühmtheiten die Klinke in die Hand, allerdings nur montags bis freitags: Am Wochenende sucht der Mann selber nach neuen Ideen. Wenn Sie auf Countrystil und -dekor stehen, sollten Sie vorbeischauen.

BEI DEN PROFIS EINKAUFEN

Im Advent, und manchmal auch während des Jahres, öffnen die Großhändler ihre Ausstellungsräume für jedermann. Wann und wo, erfahren Sie über Branchenblätter wie den *S&B-Report* (Seite **163**), *Elle Decor* oder auch die *New York Times*. Meist kooperieren die Handelshäuser dabei mit einem der großen Kaufhäuser, und verkaufen komplette Besichtigungspakete. Das letzte, von dem ich las, kostete 30 Dollar.

Außerdem sollten Sie sich auf Wohltätigkeitsgalas umsehen. Dort werden Möbel und Designerwaren zu Großhandelspreisen oder doch zumindest billiger als sonst angeboten. Die Zeitschrift *Metropolitan Home* sponsert jedes Jahr einen solchen Ausverkauf. Auch **DIFFA**, die Aids-Hilfe der Designer, sammelt so Gelder. Wer kauft, spart und unterstützt einen guten Zweck.

Yaso
62 Grand Street zwischen W. Broadway und Wooster Street

Früher gab es hier nur Kleider, meist gerade geschnitten, aus schönen Stoffen. Heute verkauft **Yaso** in seinem Laden in SoHo auch Inneneinrichtung.

DESIGN FÜR ALLE

ABC Carpet & Home
888 Broadway an der 19th Street

ABC Warehouse Outlet
1055 Bronx River Avenue (Bronx)

Wenn ich einen Film drehen sollte über New Yorks beste Läden, dann wäre **ABC Capet & Home** mein absoluter Star. Früher handelte des Geschäft am Union Square nur mit Teppichen, dann kam Bettwäsche dazu. Mittlerweile erstreckt sich das Reich von **ABC** über fünf Fabriketagen.

Sie bekommen hier edle Fendi-Handtücher und antike Kronleuchter, muschelverzierte Spiegel und rotlackierte Dosen aus Burma, Ralph-Lauren-Bettwäsche und abgeschabte Ledersofas, rustikale Stoffe und Kerzenleuchter aus Eisen. Die Fülle und Auswahl ist unglaublich. Und alles ist so kunstvoll drapiert und dekoriert, daß man aus dem Staunen nicht herauskommt. Das Erdgeschoß ist ein Reich aller guten Dinge für Heim und Herd, viel Rustikales, viel Eisen, alles kunstvoll drapiert und dekoriert und absolut sehenswert. In den Stockwerken drüber verkauft **ABC** Tapeten, Bettzeug, Stoffe. Alles zu reellen Preisen.

Online-Tip: **ABC** im Netz
http://www.abchome.com/abc1.htm

Möbel & Design

CRATE & BARREL
660 Madison Avenue an der 60th Street

Auf zwei Stockwerken bietet **Crate & Barrel** den New Yorkern einen kompletten Lifestyle-Look, mit Möbeln, Accessoires und Geschenken. Die Wände sind aus Pinienholz, die Auslagen ansprechend, das Verkaufspersonal freundlich, und das meiste kostet weniger als 25 Dollar. Alles wirklich höchst angenehm.

DOOR STORE
1 Park Avenue an der 33rd Street
123 W. 17th Street

Lassen Sie sich von dem Namen nicht irritieren: Der **Door Store** führt alle Arten von Möbel, etwa einen herrlichen unbehandelten chinesischen Chippendale-Stuhl, mit und ohne Armlehnen, für 169 Dollar. Sicherlich einer der besten Deals in puncto Massenmöbel mit Stil.

ETHAN ALLEN
1107 Third Avenue an der 65th Street
192 Lexington Avenue an der 32nd Street

Stilmöbel waren in den Vororten schon lange populär. Jetzt machen die Möbel auch in New Yorker Einrichtungsläden Furore. Meist handelt es sich um komplette Schlaf- und Wohnzimmersets im Landhaus- oder Countrystil, die aus Holz und Furnier gefertigt sind. Ich kaufe sowas ja lieber auf dem Flohmarkt, aber bitte. Jedem so, wie es ihm gefällt.

BED, BATH & BEYOND
620 Avenue of the Americas an der 19th Street

Dieses Geschäft sprengt alle Vorstellungen. Ich habe ja schon eine ganze Reihe von Läden gesehen, aber

Bed, Bath & Beyond erstaunt mich immer wieder – allein schon wegen der schieren Größe. Hier stapelt sich alles, was Sie im Haushalt brauchen: Bettlaken, Badetücher, Küchenutensilien, einfach alles, was Sie sich vorstellen können. Der ideale Ort für alle, die eine Grundausstattung benötigen.

Pier 1
461 Fifth Avenue an der 40th Street

Ein Supermarkt für Möbel, wo Sie Korbstühle für die Veranda und Regale für Ihr erstes Apartment und das Kinderzimmer bekommen. Auch viele kleine Teile, die sich gut als Geschenk eignen.

Pottery Barn
100 Seventh Avenue an der 16th Street
250 W. 57th Street
117 E. 59th Street

Immer, wenn ich Geschenke um die zehn Dollar brauche, schaue ich zuerst bei **Pottery Barn** vorbei. Der Laden führt Kaffeetassen, Geschirr, Kerzen, sogar Farben für Hobbymaler.

🛍 Fishs Eddy
889 Broadway an der 19th Street
531 Hudson Street
2176 Broadway

Siehe Seite **63**. Idealer Ort, um eine Geschirrgrundausstattung zu erstehen. Das **Checkers**-Geschirr mit schwarz-weißem Karorand ist wunderschön und unverwüstlich.

Michael C. Fina
3 W. 47th Street

Ein Discountshop für Porzellan-, Kristall- und Silberwaren.

Fortunoff
681 Fifth Avenue an der 54th Street

Großes Porzellan-, Silber-, Kristallsortiment. Kein echter Discountshop, aber eine gute Adresse, um sich einen Überblick zu verschaffen.

Williams-Sonoma Outlet Store
231 Tenth Avenue an der 24th Street

Reste von **Pottery Barn, Williams-Sonoma, Gardener's Eden, Hold Everything** auf drei Etagen. Billiger als anderswo, aber nichts Sensationelles. Und die Gegend ist ziemlich übel. Am besten, Sie kommen per Taxi und verlassen die Gegend auch wieder per Taxi – vor Anbruch der Dunkelheit.

KÜCHENKULTUR

Dean & Deluca
560 Broadway (SoHo)

Wahrscheinlich der In-Laden in SoHo. Ein Delikatessenladen der gehobenen Sorte, wo auch Grünzeug und Küchenutensilien verkauft werden und man an der Cafébar wunderbar all die schönen Leute inmitten der schönen Umgebung beobachten kann. Ein Muß. Die pastellfarbenen Nudeln, die hier 7,89 Dollar gekostet haben, habe ich später allerdings für 1,99 Dollar gesehen.

Bridge Kitchenware Corporation
214 E. 52nd Street

Das ist die Adresse für alle Köche in Manhattan. Ganz egal, welches Küchenutensil Sie benötigen – hier finden Sie es.

LAMALLE KITCHENWARE
36 W. 25th Street, 6. Stock

Der neue In-Laden, um die Küchenausstattung zu komplettieren: von Platten über Pfannen bis zur Cappuccino-Maschine.

BRODEAN FINE DINING
377 Broome Street

Mit dem Namen und dieser Lage muß man gut sein. **Brodean** verkauft Geschirr (auch aus Europa) mit 20 Prozent Discount. Bei **Mott** und **Mulberry**, am Rand von SoHo.

WILLIAMS-SONOMA
110 Seventh Avenue an der 16th Street
20 E. 60th Street
1175 Madison Avenue an der 86th Street

Hier dreht sich alles ums Kochen, Braten, Backen. Töpfe, Teller, Pfannen, Platten etc.

LECHTER'S
475 Fifth Avenue an der 41st Street
250 W. 57th
2151 Broadway an der 75th Street

Günstig, mit gigantischer Auswahl an Küchenutensilien. Ideal, um eine Grundausstattung für die erste oder zweite Wohnung zu erstehen.

HOLD EVERYTHING
1311 Second Avenue an der 68th Street

Der Name ist (Erfolgs-)Programm: Hier finden Sie Schachteln und Schüsseln, Boxen und Behälter für Küche und Keller. Mehrere Filialen in Manhattan, Fabrikverkauf auf der Tenth Avenue.

SOHO-SCHICK

SoHo ist berühmt für seine Designerläden. In letzter Zeit sind auch einige Möbelgeschäfte in diese Gegend gezogen.

BARTON SHARPE LTD.
119 Spring Street, SoHo

Falls Sie auf Countrylook stehen, dann packen Sie Nachthemd und Zahnbürste und ziehen Sie einfach hier ein. Das Atelier ist voller handgemachter Möbel im Shakerstil. Herrlich.

PORTICO
379 Broadway
139 Spring Street (Bed & Bath)

Zwei großzügige, geräumige Läden mit rustikalen Möbeln im italienischen und französischen Countrystil.

SHABBY CHIC
93 Greene Street, SoHo

Diese Möbel eignen sich nicht fürs Handgepäck: Bequeme, übergroße Polstergarnituren, die genau so im Wohnzimmer Ihrer Großmutter stehen könnten. Die Sachen sind nicht billig, und dennoch sind immer mehr Amerikaner bereit, ein Vermögen für ein abgeschabtes Chintzsofa oder die Couch mit rosa Blumenmuster auszugeben.

GEORGE SMITH
73 Spring Street

Berühmt für seine großen, bequemen stoffbezogenen Möbel. Großartig fürs Wohnzimmer, zu groß für den Koffer.

Wolfman Gold & Good Co.
116 Greene Street, SoHo

Es soll Leute geben, die von den Tischdekorationen Fotos machen, um sie daheim zu kopieren. Klasse, Stil, Inspiration, alles auf einem Fleck. Allerdings nicht gerade billig. Sehen Sie sich auch im Basement um.

Zona
97 Greene Street, SoHo

In diesem engen Laden finden Sie eine Mischung aus Western- und Countrystil. Gut für Geschenke um die zehn Mark, ökologische Seifen, Geschirr.

Terre Verde
120 Wooster Street, SoHo

Ökologisch korrekte Produkte für Heim, Garten und Körper. Vieles für Bett und Bad, auch Aromatherapie.

The LS Collection
469 West Broadway
765 Madison Avenue an der 62nd Street

LS ist einmalig. Elegant bis zum Umfallen, voller Porzellan, Accessoires und Geschenke. Perfekte Geschenke für perfekte Snobs stammen von hier. Die meisten Stücke liegen deshalb um die 500 Dollar, aber keine Panik: Wer sucht, findet auch Erschwingliches.

GALERIEN

John McEnroe gibt neue Töne von sich: »Kunst ist wichtiger als Sport« heißt die Devise des Ex-Tennis-Profis. Deshalb hat der Mann die Tennisklamotten mit dem Anzug vertauscht und einen Ausstellungsraum in SoHo eröffnet (41 Greene Street). Sein Ziel: Auch als Kunsthändler zu den Top ten zu gehören.

Das ist in New York nicht einfach: Dort wimmelt es von Händlern für alte Meister, Kunst des 20. Jahrhunderts und Gegenwartswerken:

Leo Castelli
420 West Broadway, zwischen Prince und Spring Street (dienstags bis samstags von 10 bis 18 Uhr)
578 Broadway Gallery (dienstags bis samstags von 10 bis 18 Uhr)

Kunstpapst, der seit Jahrzehnten den Markt und die Preise beherrscht. Stellt alles aus, was Rang und Namen hat: **Robert Rauschenberg, Frank Stella** etc.

Sonnabend Gallery
420 West Broadway, zwischen Prince und Spring Street
(dienstags bis samstags von 10 bis 18 Uhr)

Amerikanische Künstler, Installationen, europäische Fotografien. Verena Sonnabends Vernissagen in SoHo sind Treffpunkte der US-Kunstszene.

Pace Wildenstein
142 Greene Street
(dienstags bis samstags von 10 bis 18 Uhr)
32 E. 57th Street
(dienstags bis freitags von 9.30 bis 18 Uhr, samstags 10 bis 18 Uhr)

Galerie mit aufwendigen Ausstellungen und internationalen Top-Namen: **Donald Judd, Baselitz, Picasso.**

MICHAEL WERNER
21 East 67th Street, zwischen Fifth und Madison Avenue
(Montag bis Samstag von 10 bis 18 Uhr)

Deutscher Galerist, der in seinen kleinen, aber feinen Räumen zeitgenössische europäische Kunst zeigt.

Die meisten Galerien residieren in SoHo. Neuerdings macht allerdings auch ein neues Viertel von sich reden: West Chelsea, die Gegend rund um die 23rd Street. In dieser Gegend lassen sich immer mehr Galerien mit zeitgenössischer Kunst nieder. Beispielsweise:

METRO PICTURES
519 W. 24th Street
(Dienstag bis Samstag von 10 bis 18 Uhr)

Gekonnte Mischung aus Malerei, Installationen, Videos, Skulpturen. Star der Galerie ist Cindy Sherman.

MATTHEW MARKS
522 W. 22nd Street
(Mittwoch bis Samstag von 10 bis 18 Uhr)
523 W. 24th Street
(Dienstag bis Samstag von 10 bis 18 Uhr)

Ein West-Chelsea-Pionier, der es bis an die Madison Avenue geschafft hat. Gilt als New Yorks jüngster wichtiger Kunsthändler.

Online-Tip
http://www.artincontext.com
Gut gemachtes Verzeichnis aller Galerien mit Stilrichtungen, Künstlern und aktuellen Ausstellungen.

ANTIQUITÄTEN & AUKTIONEN

ANTIQUITÄTEN

Man muß nicht in Versailles aufgewachsen sein, um sich für Antiquitäten zu interessieren. Selbst wenn Sie nur ein begrenztes Budget besitzen, können Sie in Manhattan viele schöne Stücke kaufen. Das Beste vom Besten ist an der Upper East Side zu Hause. Falls Sie nach einer Ming-Vase, Empire-Stühlen oder einem Louis-Sofa suchen und über die entsprechenden Mittel verfügen, sind Sie am Ziel. Die Geschäfte sind in puncto Auswahl und Qualität einfach superb. Die Besitzer kennen sich aus und helfen Ihnen gerne bei der Suche. Zertifikate sind selbstverständlich, das Verschiffen auch.

NEWEL GALLERIES
425 E. 53rd Street

Schockierend und wundervoll und verrückt und fabelhaft und einfach unglaublich. Sie müssen das selbst gesehen haben, um das zu glauben: **Newell** ist ein Antiquitätenladen von gigantischen Ausmaßen, und führt auf sechs Stockwerken alles, was Sie sich an Antiquitäten vorstellen können. Das muß man gesehen haben. Das ist New York. Geöffnet montags bis freitags von 9 bis 17 Uhr.

MINNA ROSENBLATT
844 Madison Avenue

Art Deco und Jugendstil, Tiffany-Lampen etc.

De Lorenzo
958 Madison Avenue

Dekoratives aus dem 20. Jahrhundert, so die Eigenwerbung. Art Deco, Jugendstil, ach, all die schönen Dinge, die man mit Geld kaufen kann.

Elegant, aber erschwinglich: East 60th Street hat in den letzten Jahrzehnten mehrmals ihr Gesicht gewandelt. Nun haben sich in dieser Gegend ein Dutzend Antiquitätenläden niedergelassen. Die Möbel kommen meist aus Europa und sind bezahlbar, wenn auch weit über Flohmarktniveau. Am besten, Sie laufen einfach durch die Straßen. Fangen Sie bei **Antiques on 60th** (Nummer 207) an, und dann immer weiter.

Manhattan Arts & Antiques Center
1050 Second Avenue an der 56th Street

Der Markt beherbergt rund 100 Händler mit allem möglichen Zeug. Früher habe ich hier oft und gerne gekauft, jetzt ziehe ich Flohmärkte vor. Das Center hat sechs Tage die Woche von 10.30 bis 18 Uhr geöffnet, sonntags erst ab 12 Uhr.

Antiquitäten für alle: Nichts gegen Madison Avenue und die East Side. Aber Ihr Geld sollten Sie eher in der 12th Street oder in Brooklyn bereithalten, wo auch viele Designer herumstöbern und nach verborgenen Schätzen suchen. Sie können dort in Jeans oder auch im Busineßoutfit antreten. Am Wochenende ist Brooklyn sehr entspannt.

Atlantic Avenue

Viele der Antiquitätenläden, die die hohen Mieten in Manhattan nicht mehr zahlen konnten, sind nach Brooklyn in die Atlantic Avenue gezogen. Die

Straße ist extrem lang und beherbergt viele verschiedene Antiquitäten-Läden.

Falls Sie von Manhattan kommen, sollten Sie die F-Bahn bis zur Bergen Street nehmen. Gehen Sie dann die Smith Street entlang, und laufen Sie rechts auf die Atlantic weiter. An Wochenenden haben Händler entlang der Straße Stände aufgebaut. Alternativ fahren diverse U-Bahnen zur Station Atlantic Avenue/Pacific Street/Fourth Avenue/Flatbush Avenue.

University Place

Zwischen dem Village, SoHo, NoHo und dem Washington Square liegt University Place: eine Straße voller wunderbarer Antiquitätenläden, wie ich sie liebe. Darunter auch große Läden, die ihre Ware auf sechs Stockwerken lagern. Sie werden hier kein Bettgestell für 35 Dollar finden. Aber sicherlich ein paar schöne, erschwingliche Möbelstücke. Und das in einer ziemlich funkigen Ecke. Aber lassen Sie die High Heels besser daheim.

Online-Tip

🖳 http://www.allny.com/antique.html

Alle Antiquitätenhändler New Yorks, sortiert nach Straßen, mit kompletten Adressen, Verzeichnis der Ausstellungsräume und Schwerpunkten.

AUKTIONEN

Auktionen eignen sich hervorragend, um sich über Kunst, Antiquitäten und Sammlerstücke schlau zu machen. Wenn Sie Kataloge studieren, zu Vorbesichtigungen gehen, Experten zuhören und genug Auktionen besuchen, erwerben Sie mit der Zeit ein Gespür für Kunst, Auktionen, und die Sammler.

Auktionshäuser leben von zwei Sorten von Waren: Entweder hat der Sammler beschlossen, eines oder auch mehrere Stücke seiner Sammlung zu versteigern, oder seine Erben versilbern den Nachlaß. Die Termine können Sie der Zeitschrift *Art & Auction* entnehmen.

Vorbesichtigungen, Preview, Viewing oder Exhibition genannt, finden in der Woche vor der Versteigerung statt. Nutzen Sie diese Gelegenheit. Während der Session selbst haben Sie wenig Zeit, nachzudenken oder sich etwas anderes zu überlegen. Sie müssen vorab wissen, wieviel Sie anlegen wollen.

Während der Besichtigung sollten Sie unbedingt klären

- Gibt es Papiere, die den Ursprung belegen? Alle qualitativ hochwertigen Möbelstücke und Kunstwerke besitzen solche Dokumente.
- In welchem Zustand befindet sich das Objekt? Wie oft sind die Beine repariert worden? Wissen Sie, ob alle Teile Originale sind? Wurde erst kürzlich restauriert, und wenn ja, von wem? Können Sie den Besitzer nach Details fragen? (Meistens nicht.) In dem Fall könnte es sich lohnen, einen Experten zu engagieren.
- Ist die Ware echt? Ich muß Ihnen sicher nicht von all den Fälschungen erzählen, die auf Auktionen unter den Hammer kommen. Renommierte Häuser bemühen sich um Authentizität, aber selbst diese Kenner lassen sich manchmal täuschen. Normalerweise sind Hinweise auf die Herkunft im Katalog vermerkt. Falls nicht, fragen sie nach. Oft scheuen Auktionshäuser vor solchen Erklärungen zurück, weil sie sich nicht hundertprozentig sicher sind.
- Nach der Vorbesichtigung sollten Sie zu Hause in Ruhe den Katalog und das Kleingedruckte studieren. Auf den ersten und letzten Seiten erfahren Sie alle Details über den Verlauf der Verstei-

gerung und die Haftungsbedingungen des Hauses.
- Wenn ihr Wunschstück mit »subject to reserve« gekennzeichnet ist, gibt es ein Mindestgebot. Im Anhang finden Sie normalerweise eine Liste für die verschiedenen Auktionsposten samt Schätzpreisen. Damit können Sie sich ein ungefähres Bild vom Wert machen.
- Klären Sie mit dem Auktionshaus, ob Sie die Ware außer Landes bringen dürfen und eine Exporterlaubnis bekommen. Außerdem müssen Sie bei der Einfuhr nach Deutschland auf den Gesamtpreis (inklusive der Gebühren der Auktionshäuser und eventueller Transportkosten) Zoll und Mehrwertsteuer zahlen. Ausnahme: Originalgemälde und Stücke, die älter als 100 Jahre alt sind und damit als Antiquität zählen, sind zollfrei.

Objekt	Zollsatz (%)	Mehrwertsteuer (%)
Designmöbel (Holz / Metall)	1,1	16,0
Biedermeierkommode	1,1	16,0
Warhol (Original)	–	7,0
Picasso-Gemälde (Original)	–	7,0

Wenn Sie diese Hausaufgaben hinter sich gebracht haben und entschlossen sind, mitzubieten, gibt es noch ein paar andere Details, die sie wissen sollten: Bieter müssen sich normalerweise vor der Auktion registrieren lassen. Wenn wirklich hochklassige, teure Stücke unter den Hammer kommen, wird man von Ihnen einen Nachweis ihrer Solvenz verlangen. Dann bekommen Sie eine Tafel mit einer Nummer. Die müssen Sie hochhalten, wenn Sie bieten wollen. Geheimnisvolles Niesen, hochgezogene Augenbrauen: Solche Gesten kommen auf regulären Auktionen nicht vor. Lediglich telefonisches Mitbieten ist möglich. Oder Sie beteiligen sich brieflich an der Auktion. Die Vordrucke dazu liegen dem Katalog bei.

Achtung: Auktionshäuser schlagen zwischen 10 und 20 Prozent Kommission auf den Hammerpreis auf. Auf diesen Betrag addiert sich die Sales Tax (8,25 Prozent in New York). Bei größeren Stücken kommen auch noch Transportkosten dazu. Die Auktionshäuser arrangieren alles, aber sie verlangen dafür Gebühr.

Zahlen müssen Sie unmittelbar im Anschluß an die Auktion – es sei denn, Sie unterhalten hier ein Konto oder haben vorher geklärt, daß der Kauf per Rechnung erfolgt. Ansonsten ist Bargeld gefragt oder Schecks, und das in US-Dollar. Lediglich für Kleinigkeiten akzeptieren die Auktionshäuser Kreditkarten.

Für alles, was nicht binnen drei Tagen abgeholt wird, fällt eine Lagergebühr an.

Auktionstermine stehen in der *New York Times*. Die »Home-Section« listet donnerstags alle Veranstaltungen der folgenden Woche auf. Außerdem sollten Sie auf Anzeigen in der *Times* vom Freitag und gegebenenfalls samstags achten.

Falls Sie sich auf einer Auktion nur umschauen wollen, ohne selbst mitzubieten, müssen Sie nicht nervös werden. Solange Sie sich gepflegt anziehen, ist alles okay. Bei den großen Events ist allerdings die Abnahme eines Katalogs obligatorisch. Der Katalog-, sprich Eintrittspreis liegt zwischen 5 und 25 Dollar und gilt immer für zwei Personen. Halbe Kataloge werden nicht verkauft.

Diese hochklassigen Veranstaltungen sind oft regelrechte Society-Treffs. Bei den Vorbesichtigungen geht es legerer zu, Sie können sogar in Jeans antreten, wenn Sie Ihre Gucci-Schuhe dazu tragen.

CHRISTIE'S
502 Park Avenue an der 59th Street

CHRISTIE'S EAST
219 E. 67th Street

Christie's streitet sich mit **Sotheby's** seit Jahren um die Marktführerschaft. **Christie's** ist britisch, **Sotheby's** amerikanisch. Für Auktionsprofis macht das keinen Unterschied. Sie orientieren sich lediglich an der Qualität der Versteigerung. Die Kommission »Buyers premium« beträgt 10 Prozent.
Bei **Christie's East** kommen manchmal einfachere Stücke unter den Hammer. Nähere Informationen gibt's bei den deutschen Niederlassungen, etwa in Hamburg, ☎ (040) 2794073.

PHILIPPS FINE ART AUCTIONEERS
406 E. 79th Street

Renommiertes Auktionshaus mit weltweiten Filialen.

SOTHEBY'S
1334 York Avenue an der 72nd Street

Sotheby's ist ein weltberühmtes Auktionshaus, nur noch vergleichbar mit **Christie's**. Das Haus bietet umfassenden Service: Sie können sich hier als Käufer und Verkäufer von Experten beraten lassen. Sie können einen Gesamtkatalog mit allen Auktionen abonnieren oder sich nur jeweils Kataloge ihres Spezialgebietes zuschicken lassen.
Sotheby's Arcade Auction ist das Kennwort für eine Versteigerung von vergleichsweise preiswerten Stücken. Am interessantesten ist der sogenannte **Sidewalk Sale**. Dann werden alle unverkauften Stücke reduziert, um die Lager zu leeren, Informationen unter ☎ (040) 44408.

Swann Galleries
104 E. 24th Street

Alternativ-Auktionshaus im ersten Stock mit zivilen Preisen für Bücher, Filmplakate. Nur die Nachbarschaft wirkt beunruhigend. Aber ein Besuch lohnt sich. Kommission: 10 Prozent.

William Doyle Galleries
175 E. 87th Street

Dieses Auktionshaus verkauft mitunter ungewöhnliche Stücke, und Besucher fühlen sich hier weniger eingeschüchtert als bei den berühmten Adressen. Dennoch: Für Snobs sind **Sotheby's** und **Christie's** die einzig wahren Auktionshäuser.

MANHATTAN-TOUREN

Diese Stadt müssen Sie sich erlaufen. Manhattan ist voll unterschiedlichster Viertel und wunderbarer Läden. Falls Sie es eilig haben, sehen Sie sich die Tips im Kapitel ab Seite 9 an. Oder Sie versuchen eine meiner Einkaufstouren.

TOUR 1: MANHATTAN TOTAL

Ziehen Sie Turnschuhe an – oder doch zumindest flache Schuhe, denn auf Sie kommt ein längerer Spaziergang zu.
Kleiden Sie sich gut, das heißt keine Jeans (außer wenn Sie die Edelkombi mit 500-Dollar-Handtasche, 500-Dollar-Schuhen, Rolex und Hermès-Tuch wählen). An der Kombination Designeranzug mit Turnschuhen stört sich dagegen keiner. Sie können ja zur Sicherheit ein Paar hochhackige Schuhe in ihre Einkaufstasche packen.

1. Aufbruch im Hotel ist um 8.30 Uhr (Frühstücken Sie gut, das wird ein harter Tag). Dann nehmen Sie die U-Bahn Richtung Downtown (Süden). Weil jetzt Rush-hour ist, brauchen Sie sich um Ihre Sicherheit keine Gedanken zu machen. Falls Sie Menschenmassen nicht ausstehen können: Um 9 Uhr ist es leerer – aber Sie verlieren wertvolle Shoppingzeit. Ihr erstes Ziel heißt **Century 21**, das große Discountkaufhaus an der Cortlandt Street (Seite **151**) . Der Laden macht um 8.30 Uhr auf, und je eher Sie dort sind, um so besser.

Tour 1
Manhattan total

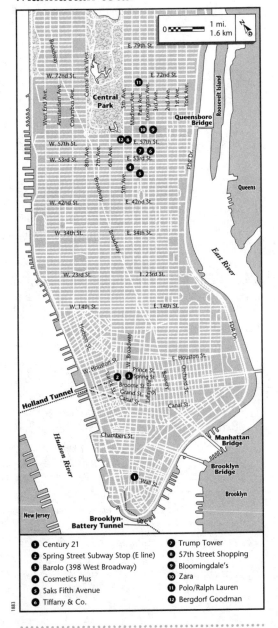

1. Century 21
2. Spring Street Subway Stop (E line)
3. Barolo (398 West Broadway)
4. Cosmetics Plus
5. Saks Fifth Avenue
6. Tiffany & Co.
7. Trump Tower
8. 57th Street Shopping
9. Bloomingdale's
10. Zara
11. Polo/Ralph Lauren
12. Bergdorf Goodman

2. Um 11 Uhr sind Sie auf dem Weg nach SoHo. Falls Sie bereits jetzt mit zu vielen Tüten beladen sind, können Sie sich ja ein Taxi leisten. Oder Sie nächtigen – brillanter Schachzug – im **Millenium Hilton** direkt neben **Century 21** und laden dort Ihre Tüten ab. Die ideale Verbindung von hier ist jedenfalls die U-Bahn Nummer E, Uptown (Richtung Central Park). Steigen Sie an der Haltestelle Spring Street aus, und Sie sind am Rand von SoHo. Genau das war Sinn der Sache. Alles weitere im Kapitel ab Seite **65**.

3. Stöbern Sie in Ruhe in SoHo herum. Falls Sie hungrig sind, können Sie bei **Barolo**, 398 W. Broadway, Nudeln essen (Reservierungen unter ☎ 2 26 11 02).

4. Wenn Sie mit SoHo durch sind, nehmen Sie wieder die U-Bahn E und fahren weiter gen Norden bis zur Ecke Fifth Avenue / 53rd Street. An dieser Station, direkt unter dem Gebäude Nummer 666, liegt der Discountshop **Cosmetics Plus** (Seite **108**). Kaufen Sie alles, was Ihr Herz begehrt.

5. Nach etwa 200 Meter Richtung Osten gelangen Sie auf die Fifth Avenue. Drehen Sie sich dort rechts, ohne die Straßenseite zu wechseln. Jetzt kommen die edlen Läden, mit den schönen Schaufenstern. Und an der 49th **Saks** (Seite **103**). Straße überqueren und einkaufen.

6. Nach **Saks** bleiben Sie auf dieser Straßenseite und gehen zirka einen Kilometer weiter Uptown, Richtung Trump Tower. Dahinter residiert **Tiffany & Co.** (Seite **142**), wo Sie in jedem Fall hinein müssen, um die Tischdekoration im ersten Stock anzusehen.

7. Als nächstes sollten Sie sich nebenan den Trump Tower (Seite **129**) vornehmen. Bei nassem Wetter mit Vorsicht: Der Marmorboden ist sehr, sehr rutschig. Ich hatte schon einmal die Befürchtung, die Atriumhalle wäre das letzte, was ich in meinem Leben zu sehen bekam. Eine Stunde dürfte hier genügen.

8. Beim Verlassen des Marmorpalastes müssen Sie sich rechts drehen und auf der 57th Street gen Osten marschieren. Damit kommen Sie an all den sensationellen Läden der 57th vorbei, vom **Warner Brothers Studio Store** (Seite **15**) über **Levi's** (Seite **96**) und **Niketown** bis zu **Chanel** (Seite **93**) und **Hermès** (Seite **94**), zwei meiner Lieblingsläden. Man muß ja dort nichts kaufen.

9. Gehen Sie ein paar hundert Meter weiter Richtung Osten bis zur Lexington Avenue, und dann gen Norden hin zu **Bloomingdale's** (Seite **102**). Eine Stunde benötigen Sie dort in jedem Fall. Und vielleicht einen Cappuccino im **Showtime Café**?

10. Nehmen Sie den Ausgang Richtung Lexington Avenue, an der Ecke zur 59th Street. Dann sollten Sie die Straße überqueren, bei **Zara** (Seite **95**) reinschauen und Richtung Madison Avenue nach Westen laufen. Auf der Madison drehen Sie sich nach rechts und gehen weiter nach Norden. Theoretisch haben Sie nur Zeit, sich die Schaufenster anzusehen und Atmosphäre zu schnuppern. Aber in der Praxis können Sie natürlich auch mal über die Stränge schlagen.

11. Hinter dem Laden von **Ralph Lauren** (Seite **71**), an der Ecke von Madison Avenue und

72nd Street, überqueren Sie die Madison und laufen jetzt wieder zurück Richtung Süden. Bis zur 60th Street kommen Sie an allen neuen Händlern vorbei, die Manhattan zu bieten hat, von **Barney's** (Seite **88**) über **Calvin Klein** (Seite **83**) bis zu **Crate & Barrel** (Seite **180**).

12. An der 57th Street drehen Sie nach rechts und laufen jetzt gen Westen bis zur Fifth Avenue. Ihr erster Stopp hier heißt **Bergdorf's** (Seite **48**), wo Sie eine Tasse Kaffee bekommen und Ihnen ob des Angebots der Kopf schwirren dürfte. Alternativ können Sie auch noch ein paar Schritte weitergehen und den Nachmittagstee im Hotel **The Pierre** mitnehmen (Seite **51**). Einfach göttlich. Und am Ende eines solchen Tages haben Sie sich das wirklich verdient.

TOUR 2: SOHO-VIBRATIONS

Ganz gleich, was Sie sich in New York ansehen, SoHo sollte dabeisein. Meiner Meinung nach ist das das aufregendste Viertel Manhattans. Um hierherzukommen können Sie verschiedene U-Bahnen nehmen. Die Tour beginnt am Green Market auf dem Union Square (ideale Bahnen: NoHo und SoHo) und endet an der Ecke Broadway / Prince. Der erste Laden ist **Armani A/X**. Damit bekommen Sie schon das richtige Feeling für SoHo. Und hier hat vieles mit Vibrations zu tun.

1. Um den Green Market mitzuerleben, sollten Sie diese Tour am besten samstags machen. Ziehen Sie unbedingt bequeme Schuhe an – es liegt ein langer Fußmarsch vor Ihnen.

2. Nächste Station: **Armani A/X** (Seite **67**). Einkaufen oder sich zumindest umsehen.

3. Wenn Sie die Straße überqueren, kommen Sie zu **Dean & Deluca** (Seite **183**) – ein guter Ort, um eine Tasse Kaffee zu trinken und vom Fenster aus die SoHo-Szene eingehend zu begutachten. Gegenüber liegt **Kate's Paperie** (Seite **68**). Damit haben Sie eigentlich schon einige wesentliche SoHo-Erfahrungen gemacht.

4. Wichtig: Broadway und West Broadway sind zwei verschiedene Straßen. Am besten, Sie sehen sich erst einmal rund um den Braodway um und dringen dann weiter in die Parallel- und Querstraßen vor, wo die besten Läden liegen. Dazu brauchen Sie keiner Route zu folgen, folgen Sie lieber Ihrer Nase, und entdecken Sie Stände mit Haarspangen oder den Miniflohmarkt für T-Shirts. Um sich nicht zu verirren, sollten Sie sich die Reihenfolge der Straßen merken: Richtung Süden kommt Prince, dann Spring, Boome und dann Grand – aber dort am Eingang des Hollandtunnel, auf Höhe der Canal Street, ist der interessante Teil SoHos eigentlich schon zu Ende. Im Osten wird das Carré vom Broadway begrenzt, dann folgen Mercer, Greene, Wooster Street und West Broadway.

5. Ich nehme immer eine spezielle Route: den Broadway hinunter bis zur Spring Street, dort rechts und geradeaus bis zum West Broadway, vorbei an all diesen atemberaubenden Läden. **Portico Bed & Bath** zum Beispiel (Seite **185**), direkt hinter der Ecke Mercer Street.

6. Auf dem West Broadway drehen Sie sich rechts und shoppen bis zur Prince Street, überqueren dann die Straße und laufen den West Braodway entlang bis zur Canal Street. West Broadway ist voller Designer, hipper Lä-

den und aufstrebender Talente. Zurück auf den West Broadway und dann weiter zur Broome Street.

7. Nehmen Sie die Broome bis zur Wooster, schwenken Sie dann hinüber zur Greene, und arbeiten Sie sich Richtung Norden vor bis zu **Zona** (Seite **186**) und **Wolfman Gold & Good** (Seite **186**) an der Greene Street zwischen Prince und Spring Street. Auf der Prince gelangen Sie zurück zu **Dean & Deluca**, dem Ausgangspunkt der Tour. Jetzt haben Sie sicherlich Lust auf einen Kaffee.

8. Danach können Sie direkt an der Ecke Broadway und Prince in den Untergrund abtauchen, oder Sie nehmen ein Taxi zum Union Square und NoHo. Oder auch alles umgekehrt. Oder Sie folgen jetzt der Tour: SoHo simpel. Eine weitere Routenänderung: Laufen Sie auf dem Broadway (nicht West Broadway) Richtung Westen, bis Sie zur Ecke Canal Street kommen. Hier liegt Chinatown, der zentrale Umschlagplatz für billige Kopien von Designerwaren. Ich decke mich hier immer mit falschen Mont-Blanc-Füllern ein, die sich hervorragend als Mitbringsel eignen. Normalerweise halte ich wenig von Fakes, aber diese Fälschungen sind so offensichtlich. Bei Handtaschen, Tüchern und anderen Imitaten halte ich den Kauf für geschmacklos.

TOUR 3: SOHO SIMPEL

Früher habe ich mich in SoHo regelmäßig verirrt, wußte nicht mehr, wie ich zur Canal Street kommen sollte und welche U-Bahn ich von dort aus nehmen sollte. Inzwischen halte ich mich an eine simple Regel:
Mit der E-Bahn zur Spring Street. Dann entlang

der Spring Street immer geradeaus. Hundert Meter, und Sie sind in SoHo. Laufen Sie die eine Seite hinauf und die andere hinunter. Schauen Sie sich zwischendurch die Läden auf den Querstraßen an, aber bleiben Sie immer auf der Spring Street – und Sie können sich nicht verirren oder verlorengehen.

TOUR 4: DIE ADVENTSTOUR

Bei dieser Tour geht es nicht in erster Linie ums Shoppen. Dafür zeige ich Ihnen alle Highlights und Wunder, die New York vor Weihnachten zu einem phantastischen Reiseziel machen.

Vor allem Kindern dürfte dieser Ausflug Spaß machen, aber mit kleinen Änderungen ist die Tour auch für Erwachsene perfekt.

1. Ausgangspunkt ist das Kaufhaus **Lord & Taylor** (Seite **102**) an der Fifth Avenue und 38th Street, das einige Schaufenster ab Thanksgiving (Mitte November) mit mechanischem Spielzeug dekoriert.

2. Per Bus (M4 oder Q32, Kinder unter sechs Jahren fahren kostenlos) geht es weiter die Fifth Avenue entlang Richtung Penn Station. An der 34th biegt der Bus nach Westen ab, und wenn Sie hier aussteigen, landen Sie direkt bei dem Spielzeuggeschäft **Toys"Я"Us**.

3. Auf der gegenüberliegenden Seite der Straße erstreckt sich das Kaufhaus **Macy's** über einen ganzen Straßenblock (Seite **103**). Für Ihre Kinder sind die oberen Etagen am interessantesten.

4. Laufen Sie jetzt hundert Meter Richtung Osten, und nehmen Sie auf der Sixth Avenue einen Bus Richtung Norden (Uptown). An der

Tour 4
Die Adventstour

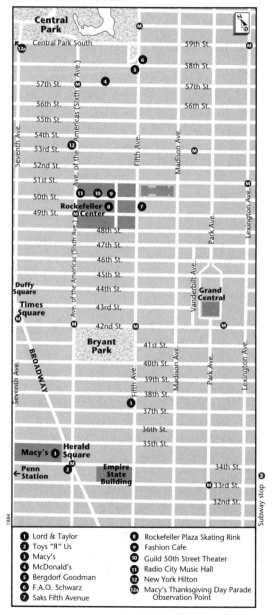

1. Lord & Taylor
2. Toys "Я" Us
3. Macy's
4. McDonald's
5. Bergdorf Goodman
6. F.A.O. Schwarz
7. Saks Fifth Avenue
8. Rockefeller Plaza Skating Rink
9. Fashion Cafe
10. Guild 50th Street Theater
11. Radio City Music Hall
12. New York Hilton
12a. Macy's Thanksgiving Day Parade Observation Point

Die Adventstour

57th Street, zwischen Sixth und Fifth Avenue, liegt **McDonald's**.

5. Kurzer Abstecher in die Welt der Erwachsenen: Sehen Sie sich im ersten Stock bei **Bergdorf Goodman** (Fifth Avenue an der 58th Street) die Weihnachtsdekoration an.

6. Zurück ins Reich der Kinder, zu **FAO Schwarz**, dem weltberühmten Spielzeugladen (Seite **133**). Während Ihre Kinder neue Nintendo-Spiele ausprobieren, können Sie sich in den Toiletten renovieren (sehr sauber).

7. Jetzt geht es auf der Fifth Avenue wieder zurück Richtung Süden (Downtown). Genießen Sie die Schaufenster – inklusive der herrlichen Dekoration bei **Saks** (Seite **103**).

8. Ihr nächstes Ziel heißt Rockefeller Plaza (Ecke 50th Street) und Schlittschuhlaufen.

9. Wenn Ihre Kinder bereits Teens oder Twens sind, sollten Sie danach einen Stopp in Claudia Schiffers **Fashion Café** (Seite **47**) einlegen. Falls das Bedürfnis nach Einkaufen und Läden jetzt gedeckt ist, können Sie sich bei **Guild 50th Street Theater** Disneyfilme ansehen oder eine Christmasshow in der **Radio City Music Hall** (Karten ab 25 Dollar an allen Vorverkaufsstellen).

10. Danach dürfen Sie sich in Ihrem Zimmer im **Hilton** entspannen (Sixth Avenue an der 53rd Street). Das Hotel bietet spezielle Wochenend- und Feiertagsraten, und der Nachwuchs darf kostenlos im Zimmer der Eltern übernachten. Vor Weihnachten ist das **Hilton** deshalb voller Kinder, und man fühlt sich dort sehr wohl.

TOUR 5: SZENE-SHOPPING

Optimal ist diese Tour mittwochs, freitags und samstags, weil dann auf dem Union Square noch Markt ist. Samstags haben Sie allerdings viel Verkehr.

1. Falls Sie per Bus (M2, M3 oder M5) entlang der Fifth Avenue von Uptown (Norden) kommen, sollten Sie an der 23rd Street aussteigen.

2. Ihr erstes Ziel ist das markante dreieckige Flatiron Building, in dem GFT's **C. P. Company** (Seite **61**) Herrenmode verkauft. Preislich nur für die oberen Zehntausend, dennoch ein Muß, um mitreden zu können.

3. Wenn Sie weiter entlang der Fifth Avenue laufen, kommen Sie an Läden wie **Banana Republic** (Seite **144**), **The Gap** (Seite **144**) und hochmodischen Adressen wie **Street Life** und **Paul Smith** (Seite **61**) vorbei. Außerdem finden Sie teure Designer wie **Emporio Armani** (Seite **92**) und weniger bekannte Designer wie **Barami Studio** (eine Minikette mit italienischer Mode). Discountzeug gibt es bei **Daffy's** (Seite **153**).

4. Arbeiten Sie sich so weit Richtung 14th Street vor, wie es Ihnen Spaß macht. Danach biegen Sie auf die 16th ein und laufen Richtung Osten. Falls Sie Hunger haben, können Sie sich jetzt bei einem der vielen Läden mit Eßbarem versorgen. Oder Sie warten damit noch, bis Sie zum **Green Market** (Seite **64**) auf dem Union Square gelangen.

5. Nach dem Markt führt der Weg durch den Park über die 14th Street und dann auf dem Broadway Richtung Downtown (Süden). Auf

Szene-Shopping

dieser Strecke kommen Sie an dem Comicstore **Forbidden Planet**, dem **Strand Bookstore** mit seinen vielen Discountbüchern und diversen Antiquariaten vorbei, einschließlich dem berühmten Interieur-Store von **Howard Kaplan.**

6. Auf der Höhe der 10th Street müssen Sie sich entscheiden, ob Sie auf dem Braodway bleiben und weiter Richtung NoHo und SoHo laufen – oder ob Sie umdrehen. Ich würde Ihnen ja vorschlagen, sich SoHo für einen anderen Tag aufzuheben und statt dessen ins ABC-Land einzutauchen – mein Name für die Gegend um den Laden **ABC Carpet & Home** (Seite 63) rund um Broadway und 18th Street.

7. Dazu müssen Sie auf dem Broadway ein Stück zurück Richtung Union Square. Zwischen der 18th und 20th Street finden Sie jede Menge schöner Läden, inklusive des wohl berühmtesten Ladens in diesem Viertel, **ABC Carpet & Home**. Für alle, die einen Sinn für dekoratives Interieur besitzen, ein absolutes Muß. Genau wie **Fishs Eddy** (Seite 63), ein Laden mit altem Hotelporzellan, der um die Ecke liegt.

8. Wenn Sie von hier aus gen Westen laufen, landen Sie schließlich auf der Ladies Mile (Seite 69). An der Ecke von Sixth Avenue und 18th Street liegt der **Old-Navy**-Store (Seite 69), Ableger von **The Gap**. Danach kommen Discountläden wie **Filene's Basement** (Seite 154) und **TJ Maxx** (Seite 155). Und natürlich **Loehmann's** (Seite 154). Damit haben Sie eigentlich alle guten Läden New Yorks gesehen.

Register

40 Carats 48
47th Street Photo 14, 33
575 130
57th Street 15, 17, 42, 55, 96, 135, 201
9th Street 11, 65
99X 65

Aaron's 149f.
Aaron Faber 113, 138
ABC Carpet & Home 12, 60ff., 157, 175, 180, 208
ABC Warehouse Outlet 180
Abercrombie & Fitch 78
Adrien Linford 75
Adrienne Vittadini 149, 159
Alberene Cashmere 98
Alcone 108f.
Alexander Feza 153
Alfred Dunhill 79, 90
Alice Underground 97
Allan & Suzi Inc. 76, 127
Alma 92
American Express 41
American Festival Café 130
American Museum of Natural History 115
Ann Taylor 76, 78, 130f., 145f.
Anna Sui 139
Anne Klein 131, 159
Annex Antiques Fair & Flea Market, The 166
Anthropologie 140
Antique Boutique 127, 143
Antique Flea & Farmers Market 166
Antiques on 60th 190
Antiquitäten 11, 70, 166ff., 189ff.

April Cornell 77
Aquascutum 92
Armani A/X 67, 92, 159, 201
Armani Couture 92
Armani, Giorgio 151, 156, 161
Arnold Scaasi 154
Art & Auction 192
Arthur Richards 155
Ascot Chang 90
Asprey 129
Atlantic Avenue 190f.
Atrium, The 129
Au Chat Botte 105
Auktionen 19, 170f., 191ff.
Aveda 16, 109
Avenue 131
Avon 108

B&J Fabrics 136f.
Bally 92
Balthazar 51
Banana Republic 10, 58, 131, 144, 207
Barami Studio 207
Barnes & Noble 62;76, 85
Barney's 13, 15, 33, 47, 60, 71, 81, 87f., 100, 133, 141, 155, 158f., 177, 201
  Warehouse Sale 13, 23
Barolo 51, 199
Barton Sharpe Ltd. 185
Beau Brummel 90
Beautiful Siena 111
Bed, Bath & Beyond 12, 181f.
Belgian Shoes 126
Benetton 92
Bennis/Edwards 125

Register 209

Bergdorf Goodman 48, 55ff., 101, 141, 150, 177, 201, 206
Bergdorf Goodman Men 88, 101
Best of Scotland 98
Best Western 41
Betsey Johnson 78, 143
Big Apple Visitors Guide 19
Bijan 88
Bill Blass 131
Bleecker Street 70
Bloomingdale's 10, 32, 44, 48f., 102, 200
Boccanegra 73
Body Shop 72, 110
Bolton's 75f., 150f.
Bonpoint 75, 105
Border's 84f.
Boss 90
Bottega Veneta 93, 141f.
Boyd's 72, 108
Bridge Kitchenware Corporation 183
Broadway 17, 28, 45f., 60, 62, 76, 80ff., 91, 162, 202
   Lower Broadway 12, 65, 135
   Upper Broadway 76, 85
Brodean Fine Dining 184
Brooks Brothers 73, 79, 89, 104, 159
Brookstone 34, 78, 130
Bruno Magli 124
Bücher 73, 86, 115ff., 171
Bulgari 56, 71, 122
Burberrys 93, 159
Burger Heaven 16, 49
Burke & Burke 50
Burlington Coat Factory 12, 105
Busse, öffentliche 25f., 29f., 159, 204, 207
   Olympia Trail Bus Service 25

C. P. Company 61, 207
Café Pierre 46
California Pizza Kitchen 10, 50
Calvin Klein 71, 83, 154, 159ff., 201
Canal Jean Co. 96, 139
Canal Street 14f., 67, 80, 112, 172f., 202
Cancer Care Thrift Shop 169
Carnegie Hill 55, 75
Carole Little 159
Cartier 121f., 172
Caswell-Massey 107
CDs 3, 39, 86
Céline 93
Cellar Grill 48
Century 21 9, 18, 43, 79, 148, 151, 161, 197ff.
Chambers 13
Chanel 17, 21, 55f., 93, 128, 137, 172f., 200
Charivari 77
Checkers 182
Chelsea 23, 60, 109
   West Chelsea 188
Chelsea Antiques Building 166
Chelsea Passage 100, 177
Children's Museum of Manhattan 116
Chinatown 162, 203
Christian Dior 93
Christian Laboutin 125
Christie's 195
Christie's East 195
City Tax 34
Clairol 13
Club Monaco 62
Coach 141
Coach for Business 74
Columbus Avenue 27f., 76
Comme des Garçon 67
Complice 153
Concord Chemists 73
Contempo 60
Conway 59, 152
Cooper-Hewitt Museum 115
Cosmetics Plus 73, 108, 199
Country Road 146
Crabtree & Evelyn 107

Crate & Barrel 71, 181, 201
Crouch & Fitzgerald 74

Daffy's 10, 17, 55, 59ff., 73f., 104, 147, 153, 207
Damenmode 9, 35, 102, 146, 153, 156
Dana Buchman 57
De Lorenzo 190
Dean & Deluca 11, 45, 49, 130, 183, 202f.
Delikatessen 103
Dempsey & Carroll 56
Designer Resale 126
Desmo 14, 142
Deutsches Reisebüro 41
Diego Della Valle 56, 93, 124
Diesel 140
DIFFA 179
Disney Store 15
Dolce & Gabbana 67, 93
Dollar Bill's 156
Donna Karan 83, 126, 154
Dooney & Bourke 141
Door Store 181
Dorothy's Closet 70
Down Under 146
Downtown 9, 17, 26, 58, 79, 150ff. 156, 197, 207
Drake, The 43, 104
Drogerien 42, 107
Dunhill 172

East Village 64, 167
Eastern Mountain Sports 135
Eddi Bauer 144
Edna 124, 153f.
Eileen Fisher 11, 144, 154
Elektronik 14
Ellen Tracy of Lyndhurst 159
Emanuel Ungaro 95, 159
Emilio Pucci 95
Emporio Armani 92, 207
Encore 13, 75, 127, 169
Ermenegildo Zegna 95
Escada 55, 93
Estée Lauder 109

Ethan Allen 181
Etro 93

Fabrikverkauf 99, 110, 148, 157
Façconable 58
Fakes 203
FAO Schwarz 15, 110, 133f., 206
Fashion Café 47, 206
Federal Express 34, 37, 130
Felissimo 176
Fendi 93, 124, 142, 156
Ferragamo 124, 141
Fifth Avenue 10f., 17, 26f., 34, 36, 42, 48, 58ff., 70, 101ff., 109, 130, 147ff., 171, 199, 206f.
Filene's Basement 17f., 21, 69, 76, 147, 151ff., 208
Finanzdistrikt 9, 79
Fine & Klein 80
Fiorucci-Stil 140
First 41
Fishs Eddy 12, 63, 76, 182, 208
Fitzpatrick, The 44
Flatiron Building 60, 207
Flohmärkte 11, 17, 65, 112, 162ff., 202
Fogal 94
Foot Locker 131
Forbidden Planet 62, 208
Forgotten Woman 132
Forman's 132
Fortunoff 122f., 183
Four Seasons Hotel 41
François 167
Fred's 47
Frederic Fekkai 87
French Café 49
Füller 16, 36, 67

Gale Grant 113
Galerien 20, 55, 64, 188
Galo 124, 153f.
Gap, The 10ff., 17, 59, 67, 76, 83, 104, 144f., 207f.
 BabyGap 104
 GapKids 104
Garage, The 166

Gardener's Eden 13, 183
Garment Center 59, 81, 91, 136
Gemüsemarkt 111
General Motors Building 110
Gentlemen's Quarterly 155
Geoffrey Beene 83
George Smith 185
Geschenke 15f., 72, 75, 110, 114ff., 134, 138, 144, 164, 177, 182, 186
Geschirr 63, 80, 178, 182ff.
Ghurka 57
Gianfranco Ferré 90, 93
Gianni Versace 59, 95, 156, 159, 172
Givenchy 93
Godmother's League Thrift Shop 169
Goldin-Feldman 119
Goldpfeil 94
Golfschläger 39
Grand Central Station 25, 79
Gray Lines 159
Green Markets 11, 62ff., 111, 201, 207
Greenstones Et Cie 106
Greenstones Too 106
Greenwich Village 70, 111
Gucci 14, 94, 141f., 159, 172
Guess 83
Guggenheim Museum 116
Guild 50th Street Theater 206
Guy Laroche 94

H.Stern 122
H₂O Plus 72, 110
Hammacher Schlemmer 15, 57, 134
Handtaschen 14, 74, 80, 128, 141f., 156, 203
Hapag Lloyd 41
Hard Rock Café 47, 56
Harriet Love 68
Harrison James 89

Harrods 164
Harry Rothman 14, 157
Harry Winston 121f.
Harvé Bernard 159
Henri Bendel 10, 48, 101, 109f., 141, 177
Hermès 22, 57, 94, 125, 133, 142, 200
Herrenmode 9, 35, 58, 61, 87, 207
Hilton 41, 43, 206
Hochzeitskleider 91, 128
Hold Everything 12f., 183f.
Holiday Inn 41
Home in New York, At 40
Hotel Venus 140
Hotels 19, 41, 50f.
Housing Works Thrift Shop 170
Howard Kaplan 179, 208
Hunting World 135
Hyman Hendler 138

IKEA 175
Il-Makiage 109
Inter-Continental 41
Internetadressen 16, 19f., 24, 29, 52, 117, 140, 161, 163, 191
Irvington Institute 169
Issey Miyake 95

J&R Computer World 14
J. Crew 78, 158f.
J. McLaughlin 75
J. S. Suarez 14, 141
Jacadi 75, 105
Jaded 114
Jaeger 94
Jean-Paul Gaultier 77
Jekyll & Hyde-Club 56
Jil Sander 95
John F. Kennedy Airport 25
John McEnroe 186
Jonal 178
Jones New York 149
Joseph Abboud 152
Joseph A. Banks 73, 90

Kaschmir 97f., 119
Kate's Paperie 68, 202

Katharine Hamnet 77
Kenar 151
Kentshire of London 177
Kenzo 94
Kiehl's 107
Kinderbekleidung 75, 104, 129, 153
Klein's of Monticello 81
Kleinfeld's 91
Kmart 59, 147
Knöpfe 137
Koffer 74, 144, 153
Kosmetik 13, 98, 101, 107 ff., 151
Krizia 94

La Perla 94
Lacroix 151
Ladies Mile (Sixth Avenue) 12, 17, 60, 69, 157, 208
Lagerverkauf 163
Lamalle Kitchenware 184
Lana Marks 73
Laundry 67
Laura Ashley 78, 92
Laura Biagiotti 56, 93
Le Train Bleu 48
Lechter's 184
Lederer 142
Lee 70
Leo Castelli 187
Leonard Kahn 117, 119
Les Copains 94
Les Olivades 178
Leslie Goldin 117
Levi Strauss 84
   Levi's 10, 15, 55, 70, 83, 96 f., 200
   Original Levi's Store 96
Liberty of London 94
Limited Express 10, 56, 59 f., 101, 131, 145
Limited, The 131
Liz Claiborne 58, 78, 83, 131
Lladró 94
L'Occitane 75
Loehmann's 12, 17 f., 21, 148, 154, 208
Lola 63
Longchamp 125

Lord & Taylor 48, 59, 97, 102, 204
Louis Feraud 93
Louis Vuitton 74, 95, 125
Lower East Side 10, 33, 79 ff., 104, 123, 141, 150
LS Collection, The 186
LTU 37
Lufthansa 37

MAC 110 f.
MacKenzie & Childs 178
Macy's 48, 59, 103, 115, 139, 204
   Macy's Cellar Grill 103
Madison Avenue 16, 28, 46, 71 ff., 87
Malo 97
Manhattan 26
Manhattan Arts & Antiques Center 190
Manolo Blahnik 124
Manrico 97
Marc Jacobs 67, 83
Mariko of Palm Beach 114
Mario Buatta 175
Mark, The 46
Marriott 41
Matsuda 77
Matthew Marks 188
Max Mara 94
Mayfair Hotel 51
McDonald's Corp. 160, 206
Meier's Weltreisen 41
Memorial Sloan Kettering Thrift Shop 169
Metro Pictures 188
Metropolitan Arts & Antiques Pavilion 166
Metropolitan Home 179
Metropolitan Museum of Art 15 f., 58, 103, 115, 130
Mezzanine-Shop 103
Michael C. Fina 182
Michael Resale 13, 75, 91, 128, 169
Michael Werner 188
Midtown 10, 25 f., 31, 58, 71, 75, 153, 171
Millenium Hilton 199

Minna Rosenblatt 189
Missoni 95
Möbel 23, 144, 168 ff.,
　175, 179 ff., 185, 190
Modeschmuck 113 f., 167
Moma Design Store 29, 116
Mont Blanc 95, 171
Monzu 52
Morganne Le Fay 68
Museum of Modern Art
　116 f.

Naomi Sims 111
Natori 153
Neiman-Marcus 154
New York Habitat 40
New York City Handbook
　84
New York Magazine 19, 21
New York Palace 42, 104
New York Times 13, 22, 41,
　86, 163, 179, 194
Newel Galleries 26, 189
Nicole Miller 71
Nike 83
Niketown 55, 84, 135, 200
Nikon House 130
Nina Campbell 178
Nina Ricci Paris 154
Nine West 71, 123
Nobody beats the Wiz 33

Odyssey 140
Off Campus 143
Off-Fifth 99
Official All Star Café 86
Oilily 105
Old Navy 12, 69, 145, 208
OMG 97
One Police Plaza 170
Orchard Street 10, 80
Origins Natural Resources
　109
Orvis 136
OshKosh B'Gosh 58, 84,
　105
Out of the Closet 169

P. S. 41 167
P. S. Flea Market 167
Pace Wildenstein 187

Paragon 135
Paramount 45
Parfüm 23, 73, 98
Paron 136
Parsons School of Design
　82, 136
Pasta Bar 48
Patagonia 67
Patrick Cox 124
Paul Smith 61, 207
Paul Stuart 89
Pelze 117
Penny Whistle 75, 106
Philipps Fine Art Auc-
　tioneers 195
Pier 182
Pier 17 Pavilion 130
Pierre Deux 178
Pierre, The 42, 46, 51, 201
Planet Hollywood 47, 56
Plus Nine 132
Poli 137
Portico / Portico Bed &
　Bath 67, 185, 202
Posh Sale 168
Post 37 f., 130
Pottery Barn 12 f., 65, 182 f.
Prada 14, 56, 95, 125, 173
Pratesi 34
Pretty Plus 128, 132
PS Nr. 41 112
PS Nr. 44 112

Radio City Music Hall 206
Ralph Lauren 57, 71, 83,
　89, 104, 176, 200
Ray Ban 14, 16, 156, 173
Reebok 83
Reminiscense 97
Renee 113
Revlon 13, 110
Revlon Employee Store 13,
　110
Ricky's 109
Ritz-Carlton 41
Rochester Big & Tall 133
Rockefeller Center 15, 31,
　38, 115, 130, 132
Rockefeller Plaza 129
Rodier 95
Rolex 172

214　　　　　　　　　　　　　　*Register*

Romeo Gigli 94
Rotunda 51
Royalton 45
Rue St. Denis 77

S&B-Report 19, 163, 179
S&W 154
Sacha of London 134
Saks Fifth Avenue 10, 19, 49, 91, 99, 103f., 115, 124, 141, 146ff., 199, 206
Sales Tax 36f., 158, 194
Salon de Té 15, 100
Salvatore Ferragamo 93
Savoy 63
Schmuck 12, 23, 78, 112ff., 120ff., 168
Schuhe 71, 72, 105, 123, 128, 133, 140ff., 151ff.
Sea Grill 130
Secaucus 160
Second Act Children's Wear 105, 128
Second Chance 127
Second Childhood 70
Secondhand-Verkäufe 76, 85, 96
Seventh on Sale 162
Seventh Regiment Armory Antiques Show 168
SFA 49
Shabby Chic 185
Shanghai Tang 71
Sharif 80
Sharper Image 57, 131, 134
Shen 72
Sheraton 41
Showrooms 82
Showtime Café 48, 200
Sixth Avenue 11ff., 17, 42, 69, 81, 121, 208
Skin So Soft 108
Smokers Guide 19
Snacks 42, 130
SoHo 11, 15, 33, 60ff., 80, 167, 185, 199ff., 208
  Einkaufstour in 199, 201, 202, 204
SoHo Antique & Flea Market 168

SoHo Grand Hotel 45
SoHo Jeans 96
Sondergrößen 57, 131f., 154
Sonnabend Gallery 187
Sonnenbrillen 14, 67, 156, 171, 173
Sony's Wondor Tochnology Lab 56
Sotheby's 195f.
  Arcade Auction 195
  Sidewalk Sale 195
Souleiado 178
South Street Seaport 78
Special Shopper 33, 103
Speedo 135
Spence Chapin Thrift Shop 169
Spielzeugläden 15
Sports Authority 136
St. John 84
Stadtplan 20, 29, 61
Stadtteile 53
State Office Supply 61
Stéphane Kelian 125
Strand Bookstore 62, 85, 208
Straßenhändler 11, 171f.
Street Life 207
Stress Buffer 109
Stuart Wetzman 125
Swann Galleries 196
Swatch 138, 139
Syms 79, 156

Tahari 71
Takashimaya 58, 176
Talbots 76, 104, 146
Taschen 57, 123, 141f., 153ff., 173
Tel Aviv 25
Tender Buttons 137
Terre Verde 186
TG 170 65
Thrift Shops 168ff.
Tiffany & Co. 15, 18, 55, 114, 120ff., 142, 178, 199
Time-Out 19
TJ Maxx 18, 69, 147, 154f., 208

Register 215

Todd Oldham 67
Tourneau 113
Tower Records 86
Tower Records Flea Market 11, 167
Toys "R" Us 15, 59, 62, 204
Trash und Vaudeville 64
Trump Tower 27, 86, 129f., 199f.
Tuscan Square 50

Übergepäck 37
Uhren 12, 113, 138, 168ff.
Ungaro 161
Union Square 11, 14, 60ff., 111, 135, 203
Unisa 71, 123
United Nations (UNO) 111
University Place 191
Upper West Side 33, 76, 106
UPS 34, 37, 99
Urban Outfitters 139
Urban Ventures 40

Valentino 95, 154
Van Cleef & Arpels 121f.
Vera Wong 91
Verte Vallée 153
Victoria's Secret 55, 146
Vidal Sassoon 87, 110
Village Army Navy 70
Virgin Megastore 86

Wall Street 28, 31f., 44, 79
Walter Steiger 125
Warner Brothers Studio Store 15, 55, 200
Warwick, The 43
Wathne 57
West Broadway 202
West Village 70, 142
Where 19, 162
Whitney Museum of American Art 116
William Doyle Galleries 196
William Wayne 178
Williams-Sonoma 12, 13, 75, 183f.
   Williams-Sonoma Grande Cuisine 67
   Williams-Sonoma Outlet Center 12
   Williams-Sonoma Outlet Store 183
Wohnaccessoires 24, 62, 67, 101, 116, 170, 179
Wolfman Gold & Good 67, 186, 203
Woodbury Common 18, 100, 158, 159
Woolworth 42
World of Golf 135
World Trade Center 26, 84

Yaso 68, 180
Yves Saint Laurent 95, 128, 155

Zabar's 50
Zagats Dining Guide 19f.
Zara 67, 95, 200
Zitomer 72
Zoll 38, 170ff., 193
Zolltarifauskunft 39
Zona 186, 203